전략

전략

고대 그리스에서
현대 중국까지

Conférence Sur L'efficacité

프랑수아 줄리앙 지음 | 이근세 옮김

교육서가

일러두기

이 책은 프랑수아 줄리앙이 기업가들과 경영자들에게 효율성과 전략을 주제로
진행한 강연 내용을 엮은 것이다.

*

여러분은 연수의 막바지에 와서 다소 지루하고 여러 발표로 싫증이 나 있을 것이다. 게다가 내가 다룰 주제는 전개하기가 미묘한 사안이다. 나의 뿌리는 철학이다. 즉 고대 그리스다. 하지만 나는 중국을 통해 나아가는 선택을 했다. 오늘 저녁 여러분과 함께 생각해보고자 하는 것은 바로 그리스와 중국의 간극이다. 내가 볼 때 중국은 유럽 사유 바깥에서 발전된 큰 문명이기 때문이다. 중국은 우리의 언어인 다수의 인도유럽어 바깥에서 발전된 문명이다. 동시에 중국은 비교적 최근까지는, 즉 17세기까지 그리고 실질적으로는 19세기까지도 우리의 역사 바깥에서 발전된 문명이다. 이처럼 내가 중국을 통해 나아가면서 갖는 이론적 유용성은 중국이 우리의 기준과 동떨어진 다른 기준을 드러낸다는 점이다. 언어의 이같은 외부성을 찾으려고 할 때 인도에서 그것을 발견할 수는 없다. 산스크리트는 유럽 언어들과 같은 계보이기 때문이다. 마찬가지로 역사의 외부성을 찾으려고 할 때도 우리는 아랍이나 유대 세계에서 그것을 발견할 수 없다. 아랍 세계와 유대 세계는 서양의 역사와 지속적으로 연관되어왔기 때문이다. 유럽 사유에서 벗어나고 싶지만, 동시에 유럽 세계만큼 발전되고 문명화되었으며 텍스트까지 갖춘 문화세계로 눈을 돌리고 싶다면 요컨대 그런 곳은 중국밖에 없다.

문화적 양자택일

이런 점은 나를 파스칼의 생각으로 이끈다. 나는 강연의 머리말로서 파스칼이 기독교의 탁월성을 입증하려고 언급한 의견을 인용하고 싶다. "모세와 중국 둘 가운데 어느 것이 더 믿을 만한가?" 이 구절은 동시에 두 가지 이유로 내게 강렬하게 다가온다. 우선 이 구절은 이것 **혹은** 저것을 선택하는 양자택일로 제시된다. 이 양자택일은 사유에 대한 두 선택지 간의 택일이며 오랫동안 서로를 몰랐던 두 세계 간의 간극이 벌어진 양자택일이다. 동시에 이 양자택일은 양쪽의 균형이 맞지 않는다. 한쪽에는 일신교를 거쳐 펼쳐진 유럽의 종교적 모험을 상징하는 위대한 인물 모세가 있고, 다른 한쪽에는 공자나 노자, 또는 누구든 간에 중국사상가가 아니라 사유 공간으로서 **중국**이 있다. 중국이라는 사유 공간에 대해 파스칼은 이것이 유럽 사유에 맞서 만들어내는 논박의 힘을 발견하는 것 외에는 그때까지 거의 아무것도 몰랐다. 모세와 중국 둘 중에 어느 것이 더

믿을 만한가? 실제로 이 문구는『팡세』의 판본을 참조해보면 파스칼이 그것을 삭제한 것이 확인될 정도로 매우 강렬한 것이다. 파스칼은 이 문구를 제시했다가 철회했다. 17세기의 한복판에서 "모세와 중국 둘 중에 어느 것이 더 믿을 만한가?"라고 말하는 것은 분명 위험한 일이었기 때문이다. 여하튼 이 문제는 민감한 것이다. 나는 뒤이어 나오는 문구도 역시 매우 훌륭하다고 생각한다. 파스칼은 자유사상가와 대화를 이어가면서 말한다. "당신은 '하지만 중국은 모호하다'고 말합니다. 나는 답하겠습니다. '중국은 모호합니다. 그러나 찾아내야 할 명확함이 있습니다. 그것을 찾으세요.'" 그렇다면 중국으로부터 우리에게 오는 이 **명확함**은 무엇인가? 여하튼 이제 중국 사유와 유럽 사유 사이를 탁하게 가로막을 수 있는 모든 것을 해소할 필요가 있다. 이같은 사유의 **갈래들**을 추적하고 논리적으로 조직하는 것은 지성에 맡겨진 일이다. 따라서 이국취향의 길은 이미 차단되었다.『팡세』의 논점은 다음과 같은 문구로 끝나는데, 나는 이 문구 또한 탐구를 호소한다는 점에서 모범적이라고 판단한다.『팡세』의 논점이 결론 내리는 바는 다음과 같다. "그러므로 이 문제는 세부적으로 살펴보아야 하며 펼쳐놓고 보아야 한다." 중국 사유와 유럽 사유의 맞대면을 조직하려면 펼쳐놓고 보아야 하며 이를 위해서는 국지적으로 끈기있게 작업해야 한다.

사유의 동요

　　실제로 16~17세기부터 유럽이 발견한 중국의 모습이 어떤 것이었는지 더 정확히 고찰해보면 당시의 주요 유럽 지식인들이 선교사들의 보고로 접한 중국에 대해 느낀 놀라움을 헤아릴 수 있다. 그전에도 마르코 폴로가 중국까지 간 것은 사실이다. 그러나 마르코 폴로는 육로로 여행했기 때문에 문명들 간의 단절을 체험할 수는 없었다. 문명들 간의 단절은 바다를 통해 어느 날 갑자기 중국을 발견하고 상륙할 때 불쑥 나타났다. 르네상스 시대에 범선을 타고 우선 신세계로 향하던 정복자 유럽의 역사에 의거해보자. 유럽이 신세계에서 텅 빈 세계 또는 유럽이 비워버린 세계, 어쨌든 유럽에 저항하지 않은 세계와 마주쳤다는 점을 우리는 알고 있다. 게다가 이런 점은 '착한 미개인'의 테마를 제공했다. 유럽에 의해 옷을 입고 개종되는 벌거벗은 미개인 말이다. 착한 미개인은 그에게 덧씌워진 양가적 모습으로는 진정으로 걱정거리가 될 수 없다. 한편으로 자연 상태에 극히 가까운 미개인은 아직 문명의 지배에 들어오지 못했기 때문에 우리는 그에 대해 개의치 않을 것이고, 이와 반대로 미개인은 유럽의 퇴폐적 관습에 의해 타락하지 않은 채 인류의 순진무구를 자신 안에 간직하고 있기 때문에 우리는 그를 경이롭게 생각할 것이다. 여하튼 그는 우리에게 걱정거리가 되지 못한다. 그는 우리의 시원(始原), 즉 인류 요람기의 시원에 우리가 지녔던 모습을 상기시킬 따름이다. 그는 인류의 최초시대로 우리를 안내한다. 그러나 아메리카 정복 직후 스페인과 포르투갈 선박들을 필두로 한 배들이 중국 남부의 항구들로 향한 사실을 우리는 알고 있다. 그곳 광저우(廣州)에 상륙하면서 유럽인들은 **꽉찬 세계**와 마주친다. 주지하듯이 16세기 후반 중국에 도착한 선교사들은 중국어를 배우고 의례를 존중해야 했다. 또 그들은 황제에게 존경의 예를 갖춰야 했고 경전을 익혀야 했다. 간단히 말해 그들은 중국 의복을 입어야 하는 등 일정 부분 중국화되어야 했다. 그들은 유클리드의 『기하학 원론』을 번역하며 황제의 수학교사로서 생을 마감하기까지 한다. 결국 기독교적 메시지의 전파는 보잘것없었다. 게다가 중국 문사(文士)들은 유럽을 접하면서 거의 혼란스러워하지도 않았다. 반면 파스칼의 논점에서 나타나듯이 당시 유럽의 주요 인물들은 유럽적 기준 바깥에 있으면서도 유럽의 '우리 세계'만큼 발전된 다른 세계의 발견으로 매우 놀랐고 **동요**되기까지 했다.

내 생각으로 중국에 대한 이같은 자각의 첫번째 증인은 몽테뉴다. 몽테뉴는 『수상록』 제3판에서 다음과 같은 문장을 여담처럼 추가하는데 사실 이 문장은 제대로 된 논지 전개 이상의 것이다. "중국이라는 왕국의 통치조직과 기술은 우리의 것들과 관계도 없고 우리의 것들에 대한 지식도 없이 탁월성의 여러 부분에서 우리의 사례를 능가한다. 중국의 역사는 세계가 고대인들이나 우리가 파악한 것보다 얼마나 넓고 다양한지를 우리에게 알려준다." 이것이 바로 중국의 외부성이다. 중국 문명은 유럽 문명과 비교할 만한 수준에 도달해 있었다. 그러나 중국 문명의 수준은 유럽과 무관하게, 결과적으로 유럽에 대해 아무 관심도 없는 가운데 발전된 것이었다. 중국은 틀 바깥의 사유 가능성을 발견하게 해준다. 틀 바깥의 사유는 유럽 사유를 지탱하고 지금까지 유럽 사유에 의해 유일한 것으로 생각된 주요 계보를 거치지 않은 사유를 말한다. 이 계보는 아담, 노아, 대홍수에서 시작하여 메소포타미아와 이집트에 이르고 그리스로 수렴되며 로마에서 확대되고 결국 '우리', 즉 유럽적 '우리'에게 도달한 계보다.

　　외부성을 말하면서 당연히 내가 생각하는 것은 푸코의 위대한 저작 『말과 사물』 앞부분의 언급이다. 여기서 푸코는 보르헤스의 문집과 관련하여 유토피아와 구분해야 하는 중국의 '이지성'(異地性, hétérotopie)을 다룬다. 프랑스, 특히 18세기 프랑스에는 중국을 유토피아로 보는 전통이 있다. 중국식 '교리문답'을 상기해보라. 최근까지도 마오쩌둥주의를 유토피아로 보는 전통이 있다. 그러나 '이지성'이 의미하는 바는 완전히 다르다. 이지성은 행복이 보장된 어느 정도 공상적인 땅을 향한 손짓이 아니다. 이지성의 의미는 단지 장소가 다르며 사유의 **다른 곳**이 있다는 점, 그리고 그 사유의 다른 곳은 우리의 사유로 하여금 반응하게 한다는 점을 인정하는 데 있다. 몽테뉴와 파스칼의 경우가 그러했다. 몽테스키외도 마찬가지로 인용될 수 있을 것이다. 실제로 몽테스키외는 정치 체제들에 대한 자신의 체계를 정립하고서 『법의 정신』 제1권의 말미에서 말한다. "근본적으로 볼 때, 내가 중국으로부터 알게 된 것은 내가 지금까지 정립한 모든 것을 무너뜨릴 위험이 있다." 따라서 이 점에서도 중국은 **틀 바깥**에 있을 것이다. 중국은 몽테스키외에 의해 확립된 통치 유형들의 구분을 뒤흔들어놓기 때문이다. 몽테스키외의 통치유형 구분은 적어도 플라톤까지 거슬러올라가며 정치체제의 다양한 형태를 고찰하는 유럽 정치사상의 전통적 구분이다.

물론 몽테스키외는 이후에 자기 체계를 재정립하는 일을 잊지 않는다. 그렇다고 해서 그의 통찰력에 대해 내가 놀랍다고 생각하는 다른 메모를 언급하지 않을 수는 없다. 이것도 역시 단지 주석으로서 독백처럼 제시될 뿐이지만, 알다시피 사유는 이런 종류의 삽입구에서 체계의 결과와 그것에 의해 마련된 안락함을 뚫고 나와 모습을 드러내고 가장 멀리 나아간다. 사유가 위험을 감행하기에 가장 알맞은 것이 이런 삽입구인 것이다. "이로부터 또한 안타까운 사실이 도출된다. 즉 기독교가 중국에서 확립된다는 것은 거의 불가능한 일이다." 지금까지 모두에게 진리였던 기독교, 즉 보편적 사명을 요구하는 절대 진리의 상징인 기독교가 중국에서 장애물에, 여하튼 저항의 지점에 직면했다는 것을 몽테스키외는 18세기 초에 갑작스럽게 자각한 것이다. 이런 사실은 역사가 확인해주듯이 중국이 천년도 더 전에 불교에는 문을 열었던 만큼 더더욱 주목할 만하다. 실제로 기독교적 복음의 메시지는 중국을 그리 파고들지 못했기 때문이다. 오늘 나는 결론을 내리기 전에 간략하게라도 그 이유를 제시할 시간을 갖기를 희망한다. 일단은 중국이 사유의 갈래를 나누어놓는다는 이 놀라운 사실 확인을 서곡으로서 기억하자. '다른 세계의 사람들'을 거론하는 라이프니츠 또한 증인이다. "중국인은 언어와 문자, 생활방식, 기술과 공예, 심지어 놀이에서조차 우리와는 너무나도 달라 마치 다른 세계의 사람들과도 같다. 내 생각으로는, 그들의 삶의 모습에 대한 정확하고 꾸밈없는 묘사라도 많은 학자들이 몰두하는 그리스·로마인들의 의례와 가구에 대한 지식보다 의미 있고 유용한 지식을 우리에게 줄 수 없다." 교육과정에서 그리스·로마에 뿌리를 둔 나에게 라이프니츠의 말은 어떤 예고와도 같다.

정신의 다른 가능성을 열다

실제로 내 작업은 다음과 같은 궤적을 밟고 있다: 철학자로서 그리스에 뿌리를 둔 나는 중국을 통해 나아감으로써 유럽 사유를 다시 조망하기 위한 간극 또는 거리두기의 지점을 발견한다. 알다시피 인생에서 실천하기 가장 어려운 것 중 하나가 자신의 정신과 거리를 두는 것이다. 그런데 중국은 우리의 기원이 되는 사유와 다시 거리를 두고 그 사유의 계보와 단절하며 바깥으로부터 그 사유에 대해 질문하도록 해준다. 달리 말하면 중국은 유럽의 기원이 되는 사유의 자명성, 즉 그 사유를 사유되지 않게 하는 것에 대해 의문을 제기하도록 해준다. 내가 보기에 이처럼 중국을 통해 나아가는 것은 두 기능을 갖거나 또는 두 방향에서 전개된다. 그것은 우회와 회귀다. 첫번째 단계인 '우회'는 사유의 낯설음이 무엇일 수 있는지 체험해보는 것이다. 실제로 철학사를 벗어날 때, 특히 존재, 신, 자유 등과 같은 서양의 주요 **철학구성요소**들을 벗어날 때 사유에 발생하는 일은 무엇인가? 또한 이것들을 유기적으로 연결하는 위대한 인도유럽어를 벗어날 때는 무슨 일이 발생하는가? 갑작스럽게, **단숨에** 서양의 철학구성요소들을 불안정하게 하는 이 **동요**는 무엇인가? 그러나 우회는 회귀를 요청한다. 물론 나는 중국 읽기를 멈추지 않기 때문에 우회는 끝나지 않지만 말이다. 회귀는 철학으로 되돌아오는 것을 말하는데, 이는 철학이 묻지 않는 것을 통해 철학 자체에 질문을 던지고 철학의 편견들을 탐색하기 위해서다. 회귀는 유럽적 이성을 지탱해주는 은폐된 암묵적 선택을 중국이라는 바깥을 통해 간접적으로 조명하는 것을 말한다. 이런 암묵적 선택은 은폐되어 있기 때문에 유럽적 이성이 질문을 던질 수 없는 것이다. 내가 생각하는 것도 있지만, 또한 **그것으로부터** 내가 생각하는 것, 그렇기 때문에 내가 생각하지 못하는 것도 있다. 이처럼 중국은 간접적 방식으로 작동하는 일종의 외부 발판을 우리에게 제공한다. 이를 통해 우리는 우리 사유의 사유되지 않은 점으로 거슬러올라가려고 시도할 수 있다. 또 우리가 당연한 것처럼 우리 정신 속에서 통용시키지만 중국이라는 바깥을 통해 재발견되어 다시금 놀랍고도 매혹적으로 느껴지며 우리로 하여금 다시 사유하게 해주는 것으로 되돌아올 수 있다. 이제 내가 중국을 거쳐 나아가는 이유가 이해되었을 것이다. 나는 먼 곳에 대한 매혹과 이국취향의 즐거움 때문에 중국을 살피는 것이 아니다. 나는 사유를 불안하게 하려고 이론적 작동장치(그리고 폭로자)로서 중국에 의거한다. 이로써 우리 정신 속에 다른 가능성들을 열어놓고 그 결과로 **철학을 재가동시키는 것**이 내 목적이다.

효율적이려면 모델화하라

　　이같은 서론이 일단 제시되었고 내 작업방식이 명확해졌으므로 이제 나는 사업관리와 경영에서 여러분과 더 직접적으로 관련된다고 생각하는 문제, 즉 효율성의 문제에 더 정확히 집중하도록 하겠다. 내가 효율성 또는 전략이라는 공통된 용어로 우선 명명하는 것을, 한편으로는 그리스인들과 그들을 계승한 우리 유럽인들, 다른 한편으로는 중국인들이 어떤 방식으로 다르게 생각할 수 있었는지 살펴보겠다. 내가 보기에 효율성의 문제를 토대로 두 문화의 맞대면이 꽤 쉽게 조직될 수 있다. 효율성에 대한 그리스와 중국의 개념들은 서로를 바라보고 서로를 밝혀주기 때문이다. 달리 말하면 **서로를 비춰본다.** 내 생각에 효율성을 구상하는 그리스 방식은 다음과 같이 요약할 수 있다: 효율적이려면 모델의 형태, 관념적인 형태를 구성하고 이런 형태로 계획을 세우며 그것을 목적으로 설정한다. 그 후에 계획에 따라서 그리고 목적을 근거로 행동에 착수한다. 우선적으로 모델화가 있고, **그다음에** 모델화는 적용을 요청한다. 이로부터 유럽의 고전 사유는 지성과 의지 두 능력이 결합한 작용을 구상하게 된다. 플라톤이 말하듯이 지성은 "최선을 목적으로 하여 구상한다." 이것이 바로 관념적 형태다. **그다음에** 투영된 관념적 형태를 실재에 들여놓기 위해 의지가 투입된다.

일례로 엄밀한 의미의 전략 영역에서 전쟁 지휘관은 현장에서 작전을 실행하기 전에 막사나 집무실에서 작전계획을 세운다. 또는 여러분에게 가장 친숙한 영역에서 경제 전문가는 이상적 발전 과정으로서 성장곡선을 긋고 그다음에 그것을 어떻게 적용시킬지 생각해야 한다. 더 일반적으로 말하면 유럽 사유에서 정치적 사유도 마찬가지 경우다. 우리는 나중에 실현할 국가의 관념적 형태들을 그린다. 이런 점은 이미 플라톤에서부터 시작된다. 관념적 형태들의 **적용**은 항상 일정 정도의 인위성을 요구하며 나아가 혁명을 요청하기도 한다. 그러나 이런 적용이 이루어질 수 없다고 해도, 플라톤에 따르면 관념적 형태는 계속 모델의 가치가 있다. 관념적 형태는 조정 관념으로 또 이데아들의 '하늘'로 쓰이고 행동을 지도할 것이다. 유럽의 헌법들 또한 공통된 방식으로 모델화한다. 프랑스야말로 헌법을 즐겨 만드는데, 프랑스혁명하에 구상된 헌법만 기억해보아도 그것은 사람들이 서둘러 교회의 성체함에 넣어두었을 정도로 완전하고 평화적인 것이었다. 비록 위기 상황에 직면한 공안위원회는 전쟁과 테러 정책을 썼지만 말이다. 헌법은 적용 불가능한 것이었지만 모델 형태와 이상의 위상을 계속 유지했다.

　　유럽 사유가 **모델화하는** 능력에 집중한 것이 어떤 의미인지 탐색하는 것은 중요하다. 나는 플라톤의 『국가』에서 군사 전략과 관련된 구문을 다시 발견했는데 이 구문은 우리가 나중에 중국을 살펴볼 때 더욱 두드러지고 놀랍게 보일 것이다. 실로 무엇이 훌륭한 장군을 만드는가? 플라톤은 다음과 같이 말한다. "진영을 갖추고 좋은 자리를 차지하고 군대를 축소하거나 확장하고 군대로 하여금 전투 자체나 행군시에 유용한 모든 과정을 실행하도록 하기 위해서······"(문구의 다음 부분이 어떨지 알아맞혀보라) "장군은 그가 기하학자인가 아닌가에 따라 더 뛰어나거나 덜 뛰어난 사람이 된다." 훌륭한 장군 즉 "능력 있는" 장군이려면 능력 있는 기하학자여야 한다. 기하학이 완전한 모델화임은 물론이다. 기하학은 모델의 모델이다. 실제로 유럽 전략 전통의 큰 부분은 최소한 클라우제비츠까지는 전략을 세울 때 **우선적으로** 기하학을 토대로 생각했다. 각도, 모양 등의 문제들을 토대로 전략을 생각한 것이다. 물론 고전 희랍 사상은—
내가 보기에 특히 아리스토텔레스는—목적으로 설정된 모델
형태의 구상과 그 실현 사이에서 매개 역할을 할 수 있는 것을
생각하지 못한 것은 아니다. 달리 말하면 '이론'과 '실천'이라고
불리는 것들 사이의 매개 역할을 생각하지 못한 것은 아닌데,
이론과 실천은 요컨대 유럽에서는 더이상 문제삼지 않을 정도
로 극히 일반적인 용어들이다. 더 정확히 말해 유럽인들은 이
용어들을 문제삼을 줄도 모르고 그것들을 동요시키는 방법도
모른다. 그럼에도 불구하고 유럽인들은 이론과 실천의 불균형
에 대한 생각으로 상당히 고민했다. 실천은 이론의 수준으로
올라갈 수 없기 때문이다. 그래서 아리스토텔레스는 매개 능력
의 개념을 생각해냈다. 그는 매개 능력을 **프로네시스**(phronesis)
라고 불렀다. 프로네시스는 대부분의 경우 '신중함'으로 번역되
는데 이는 모델화와 적용을 연결시켜줄 수 있고, 통상적으로
모델화와 적용을 나누는 구렁을 메워줄 수 있는 것이다. 우물
에 빠질 위험에도 불구하고 하늘을 관찰하다가 트라키아 하녀
의 조롱을 산 탈레스가 순수 이론의 선택을 구현하는 반면, 페
리클레스는 '눈길의 정확함'과 '판단력'을 동시에 발휘하는 행
동가의 '신중함'을 구현한다. 페리클레스는 그의 심사숙고를 상
황의 우연성에 적응시킬 줄 알 것이다.

'주도' 요인에 의거하기: 파도타기

물론 그리스 사유가 모델화와 그 적용에 대한 사유로 환원될 수 없다는 것은 사실이다. 이 점에 대해서는 그리스 고전기 이전의 가장 오랜 층위를 살펴보는 것으로 족하다. 오디세우스 같은 인물을 예로 들어보자. 『일리아드』와 『오디세이』를 읽어보면 오디세우스는 우선 모델화하고 그다음에 자신의 계획을 실행에 옮기는 인물이 아니다. 그는 '천 가지 책략의 오디세우스', 능수능란하고 '교활하며', 재간이 있는 오디세우스로 불린다. 호메로스의 서사에서 오디세우스의 강점은 상황으로부터 끌어낼 수 있는 이익을 간파할 줄 알고 상황을 활용할 줄 안다는 것이다. 또한 오디세우스가 교활하다고 할 때 '교활함'은 너무 심리학적인 용어다. '교활함'은 보다 전략적으로 생각되어야 한다. 이 용어가 의미하는 바는, 오디세우스가 상황이 어떤 방향으로 진화하고 어떻게 그 상황을 활용할지를 알아본다는 것이다.

이 점에서 고대 그리스 또는 더 정확히는 철학이 출현하기 전인 고전기 이전 시기에 존재했던 개념을 살펴볼 필요가 있다. 최근 마르셀 데티엔(Marcel Detienne)과 장 피에르 베르낭(Jean-Pierre Vernant)과 같은 프랑스의 주요 그리스 문명 연구자들이 이 개념에 대해 훌륭한 저작을 썼다. 나는 그리스어 '메티스'(mètis)를 그대로 사용하겠다. 프랑스어로 직역할 수 있는 등가어가 없기 때문이다. 또는 이 '메티스'를 설명하려면 경험과 가장 밀착된 극히 일상적인 언어에 의거해야 한다. 메티스는 사업에서 '냄새'가 난다고 할 때와 같은 '냄새'를 말한다. 데티엔과 베르낭은 책제목으로 쓰기 위해 메티스를 '교활한 지능'으로 번역했다. 그러나 이미 말했듯이 메티스는 심리학적인 의미 또는 도덕적으로 비난받는 의미의 교활함이 아니다. 메티스는 단순히 상황을 이용하는 능력을 뜻한다. 상황이 어떻게 진화하는지 파악하고 그 상황 속에서 유리한 방향을 적극 활용할 줄 아는 것을 뜻하는 것이다. 또는 경험을 직접적으로 말하는 일상 언어에 의거하자면, 메티스를 보여주는 것은 상황 안에서 '주도' 요인들을 탐지해냄으로써 이런 요인들이 나 자신을 실어갈 수 있도록 놔두는 것이다. 이 용어가 드러내는 바를 잘 이해해야 한다. 일상적인 언어에서는 꼭 필요하지만 사전에서는 명확히 설명하지 않는 용어니 말이다. 예를 들어 (사업 영역에서) 시장이 '주도'된다거나 단순히 '딸려간다'고 할 때, 이는 모든 결정권이 주체, 즉 내 계획을 세계에 투영하고 동시에 위험을 감수하며 자기 힘을 다하는 **주동자**로서의 나로부터 비롯되지 않는다는 것을 뜻한다. 이는 상황 속에서 유리한 요인들을 알아봄으로써 그 요인들이 나를 **실어가도록** 할 수 있다는 것을 뜻한다. 요컨대 '털의 방향'에 따라서 상황에 대응하고 상황의 전개과정을 활용하는 것이다. 오늘날도 통용되고 있는 또다른 이미지가 있다. '파도타기'를 한다는 것이다. 오디세우스에 대해 나는 그가 파도를 탄다고 말하겠다. 오디세우스는 수년 동안을 파도의 흐름에 실려가다가 뗏목에 매달려 살아남았다.

　　이처럼 평범하지만 철학에 의해 성찰되지 않은 용어들을 통해 결론내릴 수 있는 것은 일반적으로 **기회주의**라고 불리는 말은 도덕적인 의미에서 안 좋은 뜻이 아니라 전략적인 용어로서 생각되어야 한다는 것이다. 메티스 신의 이미지와 함께 그리스 고전기 이전 시기에 그런 전략적 개념이 존재했었다. 그 증거는 제우스와 메티스의 결혼이다. 제우스는 세계, 즉 신들과 인간들의 세계에 대한 권력을 차지했을 때 메티스와 결혼한다. 이는 상황에 의거하여 자기 권력을 확고히 유지하기 위해서였고, 이전에 그가 다른 신들을 무너뜨렸던 것처럼 상황에 의해 자신이 무너질 위험을 피하기 위해서였다. 제우스가 원한 것은 그가 새롭게 획득한 권위가 세상의 불안정성에도 불구하고 흐름을 타는 능력 덕분에 앞으로의 전개과정과 일치할 수 있는 것이었다. 나중에 제우스는 메티스가 완전히 자기 것임을 확실히 하려고 메티스를 삼켜버리기까지 했다. 시간의 흐름 속에서도 자신의 군림이 굳건히 자리잡았음을 확실히 하려고 한 것이다.

　　그런데 상황을 활용하고 상황에 실려가는 능력으로서의 메티스 개념은 그리스 고전기 이전의 사유에서 그토록 중요했던 것이 확인되었지만 그리스 고전기의 사유에서 사라져버린다. 심지어 메티스라는 용어 자체가 그리스어에서 사라지고 마치 시대에 뒤진 듯 통용되지 않게 된다. 나아가 그리스 문명 연구가들이 비판 받은 것도 이 때문인데, 그들이 그리스에서 철학이 발전할 때 통용되지 않기 시작한 메티스 개념을 다룬다는 것이 비판의 이유였다. 그러나 그들은 정확했다. 모델 형상과 그 적용 개념, 즉 서두에서 언급된 플라톤의 위대한 개념인 **에이도스**(eidos)라는 다른 선택지에 의해 메티스는 덮여버렸기 때문이다. 플라톤의 에이도스 개념이 메티스를 깊이 묻어버리고 철학의 주류 선택이 되면서 모델화의 군림이 확립된 것이다.

문제: 모델의 풍요성은 어떤 한계가 있는가?

오늘 저녁 내가 제기할 문제는 다음과 같다. 주지하듯이 모델화는 유럽의 힘을 이루었다. 특히 중국과의 맞대면을 생각한다면 이런 점은 더 정확히 확인된다. 14세기까지만 해도 중국과 유럽은 기술의 측면에서 비교될 만한 발전을 보였으나 (심지어 중국이 인쇄기나 선박술 등 여러 부문에서 유럽에 앞서 있었다) 갑자기 두 문명의 발전 속도가 달라졌다. 15~16세기 무렵 급작스럽게 위상의 변화가 일어나고 유럽 문명이 놀랄 만한 비약을 이루도록 한 것은 무엇인가? 당시 중국 쪽은 발전이 더뎠고 게다가 상대적으로 침체 상태였다는 사실이 확인된다. 내가 보건

대 이에 대한 해답의 관점 중 하나는 유럽이 모델의 사유에 모든 힘을, 더 정확히는 생산성을 부여했다는 것이다. 우선 유럽은 수학에서 비롯된 전형적인 모델의 사유에 모든 힘과 생산성을 부여했다. 그리스에서 발생하였지만 갈릴레이에 와서 갑자기 모든 효과를 낳고 데카르트와 뉴턴을 거쳐 유럽을 관통하며 재도약한 위대한 이념은 '수학이 곧 언어'라는 이념이다.' 갈릴레이가 말하기를 우주는 "우리의 눈앞에 계속해서 펼쳐지는 거대한 책이다." 그러나 "우선 이 책이 쓰인 언어와 문자를 이해하도록 노력하지 않는다면" 우리는 이 책을 이해할 수 없다.(『황금계량자』, 1623년) 그런데 "이 책은 수학적 언어로 쓰였고 그 문자는 삼각형, 원, 그 외의 기하학 도형들이다."

어찌 보면 이 이념은 미친 이념이지만 무한히 풍요로운 이념이다. 미친 이념이거나 여하튼 비상식적인 이념인 이유는 무엇인가? 왜 자연현상이 수학적 구성과 추론하에 그토록 용이하게 정돈될 수 있는지, 그리고 수학적 구성과 추론의 "비상식적 효율성"이 어디서 온 것인지 오늘날까지 그 누구도 설명하지 못하고 있기 때문이다. 그러나 이 이념은 무한히 풍요로운 이념이다. 오직 유럽에서만 자연에 대한 수학의 적용 가능성이 나타났고 이는 계속된 발견의 힘으로 짧은 기간 안에 우리 지구의 모습을 바꿔놓은 기계론적 고전물리학을 낳았다. 물론 중국에도 연산(演算) 방식으로 발전된 변형 절차(자연에 대한 표현 방식—옮긴이)로서의 수학이 개별 분야에 존재했었다.

그러나 결코 중국인들은 수학이 **언어일 수 있다**고 생각하지 않았다. 따라서 그들은 수학이 자연현상의 설명에 사용될 수 있다고 생각하지 않았다.(중국인들은 유럽 과학을 발견하기 전까지는 끊임없이 음양을 근거로 자연을 논했다.) 결코 중국인들은 신이 세계를 창조했거나 방정식처럼 "썼다"고 생각하지 않았다. 따라서 그들은 수학을 배우면 세계라는 위대한 책을 읽을 수 있고, 데카르트가 그토록 확신에 차서 말한 것처럼 '자연의 지배자와 소유자'가 될 수 있다고 생각하지 않았다.

이제 문제는 다음과 같다. 물리학에서 유럽은 수학 덕분에 모델화와 그 적용을 가장 잘 활용했지만 전략 영역에서도 사정이 같을 수 있겠는가? 또는 아리스토텔레스의 용어로 질문하자면 나는 다음과 같이 묻겠다. 아리스토텔레스가 **포이에시스**(poiesis)라고 명명한 것, 즉 '생산'의 영역에서는 그토록 효력이 있는 모델화와 적용, 이론과 실천의 관계가 **'프락시스'**(praxis), 달리 말해 행동의 영역에서도 그만큼 효력이 있을까? 모델화와 적용, 이론과 실천의 관계가 전략에도 적합한가? 달리 말하면 모델화에서 기대된 효율성은 그 정도로 일반화될 수 있는가? 아니면 한계에 봉착하는가?

모델화가 불가능한 전쟁 행위는 일관성이 없는 것인가?

　　　전략이 문제인 만큼 나는 유럽에서 발전된 전쟁 사상으로 관심을 돌려보겠다. 더 정확히는 유럽에서 발전되지 않은 전쟁 사상이라고 하는 것이 낫겠다. 이 점에 대해 나는 유럽 최초의 위대한 전쟁 사상가를 참조할 것이다. 그는 매우 뒤늦은 시기인 19세기 초의 사상가 클라우제비츠다. 전쟁을 사유하면서 클라우제비츠는 (유럽에서) 사유는 전쟁을 사유하는 데 실패했다는 사실을 확인한다. 나아가 그의 출발점은 바로 이런 확인이다. 전쟁을 사유하는 데 실패한 것은 (절대적) '모델'로서의 전쟁과 '현실적' 전쟁의 대립에 근거하여 전쟁을 사유했기 때문이다. 전쟁에 대한 클라우제비츠의 정의는 이런 간극에서 비롯된다. 그는 전쟁의 고유성이란 실제 전쟁이 결코 모델로서의 전쟁처럼 진행되지 않는다는 것이라고 말한다. 이것이 바로 전쟁의 '본질' 또는 '개념'이다. 전쟁의 실제 작전 과정은 우리가 전쟁에 대해 투영했던 것에서 항상 이탈하게 되어 있다. 결코 전쟁은 미리 예견하고 모델화한 대로 진행되는 법이 없다. 이 점에서 전쟁은 **행동**(praxis)에서 모델화의 실패(진창에 빠짐)를 알려주는 것이다. 그렇기 때문에 클라우제비츠 자신은 전략 이론을 제시하지도 않는다. 클라우제비츠는 자기 책에 대해 말하기를, 전쟁지휘관에게 그 책을 제공하는 것은 '개인적 교양'과 정신의 연마를 위해서라고 한다.

클라우제비츠는 전략에 대해 고찰해보면 군사 위계에서 모델화는 전술에서 전략으로 올라갈수록 덜 작동한다는 점을 깨닫게 된다고 말한다. 가장 기초적인 수준에서는 총을 올리고 내리는 등의 동작은 모델화가 가능하며 따라서 기계적인 것이 된다. 그러나 위계의 더 높은 수준으로 올라갈수록 모델화는 덜 적합해진다. 결국 위대한 장군에게 기대되는 것은 일반적으로 그러나 역설적으로 '천재적 능력'이라고 불리는 것 말고 무엇이겠는가? **천재적 능력**은 무엇인가? 정확히 말해 천재적 능력은 선행하는 모든 모델화들, 참모본부 회의실에서 세운 모든 계획들을 무시하고 직접 마주친 상황에서 생기는 일에 즉각적으로 반응하는 것이다. 즉 '주도' 요인들을 재빨리 포착하는 것이라고 하겠다. 이런 '천재적 능력'은 유럽적 합리성의 파국을 드러내는 것에 구제 역할을 부여함으로써 유럽적 합리성을 파열시킨다는 것을 우리는 볼 수 있다. 계획된 행동을 갑자기 내버리고 영감과 즉흥성을 도움으로서 요청하니 말이다.

사실상 전쟁에서 모델화는 이전의 경험을 토대로 만들 수밖에 없다. 그래서 전쟁이 증대시킨 힘의 집결로 인해 상황의 변화는 가속화된다. 이같은 상황 변화 때문에 우리는 숙명적으로 불안정한 상태에 빠질 수밖에 없다. 프랑스 군대가 이런 경우에 해당된다고 자주 말해지곤 했다. 예를 들어 1914년 프랑스 군대는 조율된 군사작전하에 사병들이 행하는 단기전을 구상하면서 1870년과 같은 전쟁을 준비했다. 그런데 1914

년 여름에 무슨 일이 일어났는가? 주지하다시피 전쟁은 완전히 다른 방식으로 진행되었다. 참호를 파야 했고 적을 앞에 두고도 움직이지 않고 땅 속에 있어야 했다. 이런 일은 작전이 실행되기 전에는 예상할 수도 없고 그야말로 생각조차 할 수 없었다. 그러나 프랑스 사령부가 참호에 대해서 상상하지도 못한 채 전쟁 계획을 세웠던 것은 틀림없다. 전쟁은 모델화한 것에서 실제로 그리고 숙명적으로 이탈했다. 1940년에도 마찬가지였다. 프랑스는 1940년에는 참호전을 토대로 모델화를 실행했다. 마지노선을 신뢰했지만 결국 상황은 완전히 바뀌었다. 이번은 '전격전'이었다.

클라우제비츠는 일단 시작된 전쟁의 진행과정에서 모델화가 이처럼 빗나가는 것을 설명하기 위해 적합한 표현을 제공한다. 그것은 '마찰'(friction)이다. 내가 투영한 계획과, 그다음의 실제 작전실행 사이에는 유럽적인 용어로 '주변상황'(circonstances)이라 불리는 것이 있다. 갑작스럽게 발생하는 주변상황으로 인해, 미리 그린 계획은 내가 실제로 처한 상황의 변화와 불일치되는 상태에 놓인다. **주변상황**(Circon-stance, Circum-stare)은 유럽의 의미론을 적용하자면(그리스어 peri-stasis, 독일어 Um-stand) '주위에 서 있음'을 항상 의미한다. 그런데 무엇의 **주위**인가? 요컨대 미래의 흐름에 투영된 내 계획(욕망)의 주위다. 투영하고 원하는 나, 즉 자발적으로 시작하는 주체의 주위다. 이런 주체는 물결에 휩싸인 작은 섬과 같다. 바다가 이 섬 너머 사방에서 파도와 함께 끊임없이 변화하면서 섬을 위협한다. **마찰**은 계획한 행동을 세계에 던졌을 때 주변상황들로부터 닥쳐오는 저항이다. 기대했던 효과는 점차적으로 약화되고 방향을 잃는다. 예를 들어 비가 내리기 시작하고 바퀴는 진흙탕에 빠지며 합류가 제때 이루어지지 않고 지체되는 등의 끊임없는 주변상황 말이다. 워털루 전쟁이 그랬다. 나폴레옹은 비를 예상하지 못했을 것이다.

클라우제비츠는 모델화와 실행 간의 차이와 관련하여 좋은 예를 제시하며 말한다. 모델화할 때는 땅 위를 걷는 것과 같고 이때는 어려움 없이 모든 일이 저절로 이루어진다. 그러나 모델화한 후의 계획을 실행에 옮기고 행동을 개시할 때는 마치 물속을 걷는 것과 같다. 우리 모두 이런 경험이 있다. 계획을 실행하면 사방에 '마찰'이 생긴다. 계속 균형을 잡아야 하고 억지로 해야 한다. 이런 것이 바로 주변상황에서 비롯된 저항이다.

아우스터리츠 전투의 예를 보자. 역사교재보다는 위대한 소설가 톨스토이의 『전쟁과 평화』에 따라, 나폴레옹에 대항하여 연합한 러시아와 오스트리아의 관점에서 아우스터리츠 전투를 생각해보겠다. 톨스토이의 묘사에 의하면 아우스터리츠 전투 전날 러시아와 오스트리아의 장군들이 아름다운 성에서 회합했고 오스트리아 장군(바이로터Weirother)이 전투 계획을 조목조목 낭독했다. 낭독하는 데 한 시간이 걸렸다. 늙은 러시아 장군 쿠투조프(Koutouzov)는 잠들어 있다. 내일 아침에 계획대로 되지 않으리라는 것을 이 노장은 경험을 통해 잘 알고 있기에 잠이나 자고 있는 것이다. 아우스터리츠 전투 전날 세운 계획에 따르면 나폴레옹은 당연히 패배할 수밖에 없다. 나폴레옹은 자기 진지에서 멀리 떨어져 있고 후퇴한 지 여러 날이 지났으며 그의 군대는 수도 더 적고 더 불리한 위치에 있는 등등 여러 이유가 있기 때문이다. 다음날 아침 연합군이 복잡한 우회 작전(또 기하학이 사용된다)에 착수하면서 전투계획을 실행할 때 실제로는 무슨 일이 일어났는가? '주변상황' 즉 그 유명한 아우스터리츠의 안개가 나타난다. 연합군은 수행하기 극히 어려운 군사작전, 특히 연합군인 만큼 더더욱 어려운 작전을 실행하고 있었다. 나폴레옹은 준비된 모습으로 도착했다. 톨스토이가 말하듯이 나폴레옹의 차가운 얼굴에는 사랑에 빠진 젊은 연인들이 '사랑의 보답을 받았을 때' 느끼는 행복감이 드러났다. 내재성의 복귀라고나 할까? (모델화는 계획과 실행 간의 분리 또는 '초월'을 함축하는데, 내재성은 이런 초월성과 대립되는 개념이다—옮긴이) 여하튼 나폴레옹은 껍데기 같은 모델화 때문에 당황하지 않았다. 그는 안개 층의 변화 과정을 활용해가면서 적군이 파악하지도 못한 상태에서 적군을 공격했고 병참선을 끊었으며 적의 궤도를 이탈시켰다.

우리가 매일 전쟁을 하는 것은 아니다. 그러나 전쟁은 경험의 극단에서 뜻하지 않은 강력한 장애물을 보여준다. 최근에도 확인한 바 있듯이, 전쟁은 **결국** 우리가 예상하고 준비한 대로 즉 모델화한 대로 진행되지 않는다. 그러면 질문을 다른 방식으로 표현할 수 있을 것이다. 모델화가 불가능한 이 전쟁이라는 것은 일관성이 없는 것인가? 혹은 모델화가 기대한 것과는 다른 일관성, 현실과 직결된 일관성은 없는가?

중국의 『손자병법』: 상황 잠재력 개념

이제 이 문제와 관련하여 외람되이 말해 '나의 중국인들'로, 여하튼 고대 중국의 『손자병법』으로 관심을 돌려보기에 적절한 시간이다. 주지하다시피 유럽에는 『손자병법』 같은 책이 없다. 그리스에는 주로 전술에 관한 기술 개론서들이 있다. 군대의 배치 방법, 방향전환 방법 등이 다루어진다. 각도와 형태의 문제 등 언제나 기하학이 관건이다. 도시포위공격술(포위전)이나 병참학(보급) 등에 관한 개론서들도 있다. 또는 (투키디데스, 폴리비우스 등) 역사가들의 이야기를 통해 고대 전투가 어떠했을지 재구성할 수도 있다. 그러나 그리스에는 『손자병법』 같은 중국의 위대한 텍스트에 비견될 책은 발견되지 않는다. 『손자병법』은 춘추전국시대의 책이다. 당시 중국은 경쟁관계의 제후국들이 각자의 이익을 위해 제국을 재통일하려고 끊임없이 전쟁을 치르며 분열되었다. 주지하듯이 오늘날 유럽에서나 일본에서 많은 경영자들이 『손자병법』의 저자들을 제대로 이해하지 못한 채 그들에게서 영감을 받는다(1차 책임은 번역에 있다). 이들은 '손자(孫子) 방식의' 경영자들이다.

내 관심사는 『손자병법』의 전략적 사유를 '정신적 지도자들'(비학문적 처세술을 제시하는 사람들―옮긴이)에게서 빼앗아 철학에 되돌려주는 데 있다. 실제로 이 저작의 전략적 사유는 우선은 '우리의 근거들'(우리의 이론적 선택에 따른 유럽적 '우리'의 근거들)과의 간극을 넓혀주겠지만 유럽 사유와 마찬가지로 매우 일관된 논리가 있다. 손자나 손빈의 병법을 읽어보면 그 전략적 사유의 가장 지배적인 두 개념은 앞에서 구분한 모델화와 그 적용을 필요로 하지 않고 심지어 이런 구분을 파괴한다는 점을 깨닫게 된다. 첫째 개념은 '상황', '지세', '지형'〔形〕이고, 둘째는 내가 제안하는 번역으로 '상황의 잠재력'〔勢〕이다. 『손자병법』은 전략가에게 **상황에서 출발**할 것을 권고한다. 여기서 상황은 내가 미리 모델화할 상황이 아니라, 내가 이미 개입되어 있는 상황이다. 즉 그 상황 한가운데서 잠재력이 어디에 있고 또 어떻게 그것을 활용할 것인지를 내가 포착해내고자 하는 그런 상황을 말한다.

중국의 전략서들이 특권적 위치를 부여하는 이미지는 가장 일상적인 경험을 가리키며 따라서 여기에는 아무런 신비도 섞이지 않는다. 내가 두번째 용어를 '상황의 잠재력'으로 번역한 것은 유럽 고전물리학의 '포텐셜(potential) 이론'을 참조했기 때문이다. 전형적인 사례를 들어보자. 경사진 높은 곳에 물을 모아놓고, 물이 내려감을 막기 위해 막이를 설치했다고 하자. 우리는 모인 물의 질량과 물 밑의 경사도를 근거로, 물막이를 열었을 때 물이 마주치는 모든 것을 자신의 흐름과 함께 곧바로 쓸고 내려가는 힘을 계산할 수 있다. 『손자병법』에서 이와 정확히 동일한 이미지가 발견된다. 그러나 유럽에서는 이런 이미지로 '포텐셜 이론'이라는 물리학 이론을 만들어내고 중국에서는 동일한 이미지를 전략의 관점에서 활용했다. 요컨대 위대한 장군은 항상 자기 아래의 **경사를 찾아낼 줄** 아는 사람이다. 오직 땅의 경사를 따라가는 물처럼 자신의 군대가 애쓸 필요도 없이 쇄도하는 모습을 그는 볼 것이다. 동시에 그는 물과 마찬가지로 아무것도 그에게 저항할 수 없는 가운데 모든 것을 자신의 흐름과 함께 쓸어갈 것이다.

이제 모델화의 힘보다 상황의 잠재력에 집중한 중국의 전략 사유와 연결될 수 있는 용어를 살펴보자. 우리가 '주도적 (porteur) 요인' 또는 '주도적 시장'을 말할 때 또는 단순히 '주도한다'고 말할 때 이 용어는 '무엇을 싣고 있다'는 뜻이 아니다. 이 용어는 절대적인 의미로 이해(말)하자면 '끌고 가다'의 뜻이다. 이런 의미는 모든 주도권이 나로부터 비롯되는 것이 아니라 상황 자체에 내가 의거할 수 있고 나를 실어갈 유리한 요인들이 있다는 것이다. 일상적인 용어지만 유럽에서는 그리 성찰되지 않은 이 용어는 상황 잠재력의 전략 개념과 제대로 합치

한다. 중국인들에 대해 말하자면 그들은 특히 상황 잠재력의 전략 개념을 발전시켰다. 전략의 원리는 상황 속에서 유리한 요인들을 탐지해내고 그것들을 활용하는 것일 뿐이다.

용기: 본질적인 자질인가 상황의 결실인가?

중국인들은 주도 요인 또는 그들이 명명하듯이 '상황의 잠재력'(勢)에 대한 성찰을 극히 멀리까지 밀어붙였기 때문에, 전쟁에서 용기와 비겁함도 (그대로 인용하자면) '세(勢)의 귀결'이라고 강조한다. 따라서 용기와 비겁함은 우리가 본질적으로 소유한 자질이나 결함이 아니다. 나는 용감하거나 비겁하게 태어나는 것이 아니다. 나를 용감하거나 비겁하게 만드는 것은 상황, 더 정확히는 상황의 잠재력이다. 여기서 어떻게 유럽적 휴머니즘과의 간극이 생기는지 보라. 유럽에서는 용기를 기꺼이 인간적 자질로 간주하기 때문이다. 우리는 어떤 사람에 대해 게으른 **사람이거나** 용기 있는 **사람**이라고 말한다. 그런데 용기가 도덕적 관점에서 파악된 덕이 아니라 상황 잠재력의 효과로 간주될 경우, 중국 장군은 그의 병사들이 비겁하거나 용감한지 따질 필요가 없다. 오히려 용기를 발휘하도록 그들을 강제하거나, 더 정확히 말해 용기를 발휘할 수 있는 상태로 몰아갈 방법을 생각할 뿐이다. 이를 위해서는 예를 들어 병사들을 적국 깊숙이 밀어넣고 퇴로를 차단함으로써 빠져나오려면 사력을 다해 싸울 수밖에 없도록 강제하는 것으로 족하다. 병사들은 스스로 선택한 것이 아니라 선택할 수밖에 없는 상황에 **몰린 것이**다. 중국어로 이런 것을 '상옥추제'(上屋抽梯―지붕 위에 오르게하고 사다리를 치운다)라고 한다. 용기의 **위치**(position)에 갇히고 몰리는 것이다.

유럽도 물론 전쟁터에서의 이런 종류의 상황을 알고 있으며 그것에 의거하기도 한다. 그러나 내가 보기에 중요한 것은 중국인들이 특별히 이런 점을 성찰했고 더욱이 전략을 구상하기 위한 축으로 삼았다는 사실이다. 마키아벨리와 그의 『전술론』을 생각해보라. 분명 마키아벨리의 『전술론』은 존재하지만, 엄밀히 말해 이것은 전략서라기보다는 전쟁과 정치조직 (민병의 문제 등)의 관계에 관한 성찰이다. 물론 마키아벨리는 다음과 같은 점을 적절히 지적한다: 카이사르는 그가 게르만 병사들을 너무 잘 포위했기 때문에 그런 상황이 그들을 광포하고 완전히 호전적으로 만든다는 점, 그래서 나중에 그들을 다시 잡더라도 우선 퇴로를 열어두는 것이 그들을 '용기 있게' 만드는 것보다는 낫다는 점을 깨달았다. 그러나 마키아벨리는 지나가는 말로 이런 점을 지적할 뿐이지 전략을 구상하기 위해 **그것에서 출발하지는 않는다.**

평가—결정

그렇다면 손자는 무엇으로 시작하며 어디에서 출발하는가? 오늘날까지도『손자병법』의 제1장 제목을 '계획'으로 번역하는 경우가 꽤 빈번하다. 이는 물론 유럽 쪽에서는 예상되는 일이다. 전쟁을 준비하기 전에 계획을 세우기 때문이다. 즉 모델화하기 때문이다. 그러나 '계'(計)는 중국어에서 완전히 다른 뜻이다. 그것은 '산정하다' 또는 '평가하다'라는 뜻이다. 그러므로『손자병법』은 계획(planification)으로 시작하는 것이 아니라 **평가**(évaluation), 즉 상황 잠재력의 평가로 시작한다(게다가 1772년에 최초로 프랑스어로『손자병법』을 번역한 아미오Amiot는 이미 정확하게 '평가에 관하여'로 옮겼다). 이처럼『손자병법』은 조목조목 항목별로 각 진영에 유리한 요소들을 체계적으로 산정하고 평가하는 일람표를 구성하면서 시작한다. 어느 쪽의 군대가 더 강력하고 어느 쪽의 장수가 더 유능한지를 살필 뿐 아니라 어느 쪽의 심리가 더 좋은지 어느 쪽이 군주와 백성의 관계가 더 돈독한지 등을 살핀다. 이는 실제 작전의 계획표를 그리는 것이 아니라, 각 항목에서 서로 얽혀 있는 힘의 관계가 어떤지 밝힘으로써 적군과 아군 사이의 상황 잠재력에 관한 도해를 그릴 수 있는 방식이다. 이런 방식은 매우 **변화하기 쉬운** 특성에까지 적용된다. 전쟁의 흐름은 항상 양쪽 진영의 상대적인 양극 관계, 그래서 계속적으로 반응을 주고받는 관계에서 비롯된 귀결이기 때문이다. 미리 세워놓은 계획들에 갇혀 꼼짝달싹 못하게 되어서는 안 된다. 그런 계획들은 융통성이 없어서 곧 쓸모없는 것이 되고 변화의 흐름에 합류하는 능력에 방해가 된다. 반대로 『손자병법』에서 말하듯이, 끊임없이 상황의 잠재력에 의거한다면 상황 잠재력의 변화 방식과 결합함으로써 우리는 계속되는 변동을 쉽게 관리할 수 있다. "상황 잠재력은 변수를 유리한 조건에 따라 결정하는 데 있다." 이런 상황 잠재력 개념은 앞서 전략이 부딪혀 곤란을 겪은 '주변상황' 개념을 적극적으로 이용하려는 경향이 있다. 변수가 세(勢)에 합류될 뿐 아니라, 바로 이 변수의 힘 덕분에 전략가는 세를 자신의 이익에 맞춰 변형시킴으로써 점진적으로 적을 압도해가리라 생각한다.

클라우제비츠에 따르면 주변상황은 모델화와 적용 간의 균열을 일으킴으로써 전쟁의 흐름을 이탈시키는 것이었고 군사행동에서 '마찰'(friction)의 원천이 되었다. 반대로 손자는 전쟁에서 승리는 "이탈되지 않는다"고 정확히 말한다. 승리는 작전의 과정 속에서 쇄신되는 상황 잠재력의 귀결이기 때문이다. 매순간 일어나는 일은 진행 중인 역학관계에서 생겨난 필연적인 귀결이다. 이때 분석은 엄밀하며 우연의 여지를 허용하지 않는다. 상황 잠재력을 모든 각도에서 그리고 그 전개과정에서 동시에 파악할 줄 아는 이에게 전쟁은 매단계마다 항상 상황 잠재력의 산물이다.

게다가 유럽 쪽으로 눈을 돌려보면 나는 유럽적 합리성이 또다시 파열되는 지점을 보지 않을 수 없다. 주변상황에 직면하여 즉석에서 대응하기 위해 모델화를 버릴 줄 아는 이의 '천재적 능력'이 그것이다. 절차들의 일관성에 균열을 일으키는 이런 '파열'에 우리는 초월성의 비결정성에 자리를 내주는 가장 막연한 이름을 붙인다. '신' '운명' '우연' '운'(Tuché) 등이 그런 이름이다. 주지하듯이 유럽의 고대에는 전투를 시작하기 전에 운수를 보고 희생 제물의 내장이나 새의 비행을 살피는 데 주의를 기울였다. 나타난 징조가 너무 불길한 것으로 판단되면 싸우지 않는 쪽을 택했다. 그런데 손자는 점(占)에 의거하는 모든 행위를 명백히 금지했다. 상황전개에 내재한 논리 외의 그 어떤 개입도 전제하거나 기대해서는 안 된다. 반면 유럽 쪽에는 우연이나 운을 고려하거나 나아가 신의 배려를 획득하려는 생각이 아직도 남아 있다. "신의 가호가 있기를……." 클라우제비츠도 『전쟁론』에서 우연의 여지를 허용하며 그것을 궁극적인 수단으로 보기까지 한다. 그는 전쟁은 결국 카드게임과 같다고 말한다. 물론 그가 확률 계산이 구성하는 수학적 장치의 중요한 발전 후에 그렇게 말한 것이기는 해도, 결국 성공이 결정되는 데는 수학화가 불가능하고 모델화가 불가능한 어떤 것이 존재한다. 바로 이런 점이 전쟁을 매력적인 것으로 만들어주는 것이다. 전쟁은 **결국** 카드게임과도 같고 예측되지 않는 것으로 판명나기 때문에 우리의 욕망과 상상에 끊임없이 말을 건

네며 그래서 우리를 매혹시키는 것이다.

수단-목적

　　유럽과 중국의 지배적 개념들 간의 간극은 구문론적으로 읽으면 더욱더 깊어질 수 있다. 유럽 쪽에서 모델화의 사유는 효율성을 수단-목적의 용어로 생각하게 되었다. 계획의 기능을 하는 관념적 형태는 목적으로 설정된다. **그다음에** 이 목적에 도달하기 위해 적용할 수단을 찾아야 한다. 최선의 수단은 겨냥한 목적으로 가장 직접적으로 안내하는 수단이다. 다시 클라우제비츠에 의거해 말하자면, 칸트의 형식에 따라 전략의 정언명법으로서 표현된 효율성의 준칙은 다음과 같다: "너는 네가 도달할 수 있는 힘이 있다고 느끼는 가장 중요하고 결정적인 목적을 겨냥하라. 그리고 그 목적을 위해 너는 네가 따를 수 있는 힘이 있다고 느끼는 가장 짧은 길을 선택하라." 바로 이런 것이 전략적 요청의 핵심을 요약하는 가장 압축적인 표현이겠다. 모델화된 형태가 일단 목적으로 설정되면 자신이 사용할 수 있는 범위 내에서 그 목적으로 이끌어주는 가장 경제적인 수단을 추구한다. 그런데 기업 세계의 경영 영역에서 이런 점을 자주 다루어본 결과 나는 오늘날에도 수단-목적의 관계를 떠나서 효율성을 생각하기란 어렵다는 것을 느꼈다.

클라우제비츠도 자신의 전략 사상 전체를 수단과 목적의 구도에 근거하여 구상했다. 전쟁을 가장 포괄적인 범위에서 고찰하면 병력투입은 항상 전투라는 목적의 수단이고 전투 자체는 전쟁이라는 목적의 수단이며 전쟁은 정치라는 목적의 수단이다. 이런 피라미드형 구성에서 각 중간 단계는 아래 단계의 목적인 동시에 윗 단계의 수단이다. 이같은 논리적 구조는 중국 쪽에서는 발견되지 않지만, 중국 역시 '논리'를 갖고 있다. 중국은 관념적 형태의 사유를 발전시키지 않았기 때문에 관념적 형태로 이끄는 수단 개념을 부각시키지 않았다. 심지어 고전 중국어는 '목적'을 표현하기 위한 일관되고 정확한 용어도 없다. '법가'(法家)라고 불리는 사상가들의 전제주의 맥락에서 간신히 목적 개념이 나타날 뿐이다. 사실상 목적 개념은 근대에 와서 '눈'과 '표적'〔目的, 目標〕을 조합하여 서양 용어를 번역한 것이다.

　　실제로 서양인이 중국 사유와 마주하면서 느끼는 큰 낯섦 중 하나는 중국 사유가 목적성에 대한 사유를 제외하고 없애버린다는 점이다. 중국 사유는 목적을 고갈시키는 대신 성향〔勢〕을 적극적으로 활용한다. 이 점을 이처럼 추상적으로 표현하는 것을 들으면 여러분은 그리 당황스럽지도 않고 심지어 아무 상관도 없다고 생각할 것이다. 그러나 그 여파는 막대하다. 목적성은 그리스 사상 전체를 사로잡고 있기 때문이다. 플라톤과 아리스토텔레스에서 **에이도스**(eidos) 즉 모델 - 형상과 **텔**

로스(telos) 즉 겨냥한 목적이 원형적인 관계로 묶여 있음을 보라. 아리스토텔레스에 따르면 목적원인(cause finale) 즉 텔로스가 생성을 자신에게로 끌어당긴다. 그리고 프랑스어에서처럼 '목적'(fin)은 동시에 '끝'과 '목표'를 의미한다. 또한 비록 유대 전통이 유럽 사유의 또다른 중요한 원천이라고 지나치게 개괄적으로 말해지곤 하지만, 목적성은 일정 부분 유대 전통으로부터 종말론의 토대 위에서 유럽인에게 전해진 중대한 종교적 관념이기도 하다. 신의 민족은 약속의 땅, 천국 등을 **향한** 길에 있다. 플라톤은 요한계시록의 복음처럼 최후의 심판을 말한다. 그런데 고대 중국은 목적성도 종말론도 발전시키지 않았다. 중국 사유는 목적과 귀착이 아니라 이득 또는 이익(利)을 사유했다. 이익이 세계의 차원에서 추구되면 현자를 만든다(이런 식으로 『역경』은 운행의 총체성을 생각했다). 축소된 차원에서 그리고 갈등 관계에서 이익은 전략가를 만든다(맹자는 이 경우에 이익을 부정적으로 본다). 현자도 전략가도 목적들의 질서를 세우지 않으며 목적대상(희랍어로 skopos)이 될 수 있는 것을 겨냥하지도 않는다. 그러나 그들은 장치로 구축된 상황을 매번 활용하는 성향이 있다. 현자는 모든 사람들의 선을 위해 도덕적 지향에서 상황을 활용하고 전략가는 다른 군주들과 경쟁관계에 있는 군주를 위해 상황을 활용한다.

조건 - 귀결

    중국에서 바라본 원형적 관계는 수단-목적보다는 조건-귀결의 관계다. 이것이 바로 **목적성**의 논리를 대체하는 **성향**〔勢〕의 논리다. 그런데 전략이란 무엇인가? 정확히 말해 전략은 조건의 차원에서 모든 유리한 요소들을 주도요인들로서 상류에서 탐지해내고 그것들을 발전시켜서 그것들로부터 최선의 '이익'을 끌어내는 것일 따름이다. **조건**의 차원, 이것이 잠재력이다. 따라서 목표도 없고 목적대상들의 정의도 없는 것, 이것이 본질적인 간극이다. 나는 고정된 목적을 정하지 않는다. 목적은 상황의 전개과정에서 볼 때는 장애물일 것이기 때문이다. 그러나 나는 배치를 **적극 활용한다**. 혹은 배치가 내게 불리할 경우 우선 나는 불리한 배치를 약화시키는 작업을 한다. 『손자병법』은 다음과 같이 설명한다: 적이 쉬고서 도착하면 피곤하게 만들어야 한다. 적이 배부른 채 도착하면 배고프게 만들어야 한다. 적이 뭉쳐서 도착하면 흩어지게 만들어야 한다. 간단히 말해, 이런 작업을 통해 유리한 조건들이 점차 적에게서 멀어지고 내 쪽으로 기울어지는 흐름으로 적을 끌어들어야 한다. **그 귀결로서** 점차적으로 그리고 적이 자각하지도 못한 채 세(勢)가 내게 유리한 쪽으로 흘러들어오도록 하는 것이다.

    따라서 위대한 전략가는 (계획을) 투영하지 않는다. 다만 그는 마주친 상황에서 자신에게 유리한 요인들을 알아보고 탐지해내어 그것들을 증대시키는 방식을 취한다. 동시에 적에게 유리해질 요인들은 감소시키는 방식을 취한다. 이처럼 나는 적이 점차적으로 탈구조화되고 당황하게 되어 역량을 잃은 상태에 처하고 결국 세를 상실하게 되는 흐름으로 적을 끌어들인다(나는 '역량을 잃은 상태에 처하다'라는 프랑스어 décontenancé가 적합하다고 생각한다). 마침내 내가 적을 공격할 때 이미 그는 패배해 있는 것이다. 또는 더 정확히 말하면 나는 **이미** 적이 패배했을 때, 즉 내가 **이미** 승리했을 때 전투를 실행한다. 이런 것이 바로 중국 전략의 주요 원리다. 상황이 성숙되지 않았을 때는 성숙을 도울 뿐 억지로 하지 않는다. 과일이 익어서 떨어질 준비가 되었을 때 과일을 거두기만 하면 된다. 이는 실패할 일이 없이 진행된다. 『손자병법』에서 말하듯이 승리는 "이탈하지 않는다." 이미 승리했을 때만 전투에 임하면 나는 많은 노력도 저항도 없이 항상 승리하는 것이다. 나는 위험을 무릅쓰지 않는다. 신들에게 기도할 필요도 없고 점술에 의지할 필요도 없다.

쉬움의 예찬

이런 점은 『손자병법』의 결정적 구절로 이어진다. "승리하는 군대는 전투를 하기 전에 이긴 군대다. 패배한 군대는 전투에서만 승리를 추구하는 군대다." 모든 것은 상류에서, 즉 조건들의 단계에서 이루어진다. 나는 적과 맞서기 전에 그의 잠재력을 황폐화시키고 쓸어버림으로써 이미 적을 무너뜨려놓아야 한다. 또다른 구절은 예상된 의미와 정반대이기 때문에 놀라울 수밖에 없다고 생각된다. "위대한 장수는 큰 지혜나 용기를 칭찬할 것이 전혀 없다." 이 구절의 의미는 위대한 장수들, 또는 우리가 순진하게 '위대한 장수'라고 부르며 동상을 세우고 기념하는 장수들은 사실 보잘것없는 장수에 불과하다는 것이다. 왜 그런가? 그들은 자기의 재능이나 용기에 의거하여 영웅적이고 드라마틱하게, 즉 크게 눈에 띄는 방식으로—마른의 택시(1차세계대전 당시, 파리가 독일군에게 점령될 위기 상황에서 급히 증원된 프랑스군을 실어나를 운송수단이 없자, 파리의 택시 수백 대가 기꺼이 동원되어 하루에만 6천 명의 병사들을 전투 지역인 마른 강 유역으로 실어날랐다—옮긴이) 스타일의—승리를 간신히 쟁취했기 때문이다. "내 하얀 깃털을 따르라!"와 같은 방식으로 말이다. 그러나 『손자병법』에서 말하듯이 위대한 장수가 정말 지혜나 용기나 칭찬할 것이 전혀 없다면, 이는 물론 위대한 장수가 유리한 요인들과 주도적 요인들을 가장 앞서 탐지해내고 그것들을 자신에게 이익이 되도록 증대시킬 줄 알고 동시에 적에게서 모든 잠재력을 빼앗는 사람이기 때문이다. 그는 점진적으로, 조용히, 싸우지 않고 이루어낸다. 그래서 그가 결국 전투에 임할 때는 이미 승리를 거둔 상태이기 때문에 사람들은 "쉬웠어, 이미 끝난 싸움이었어"라고 말할 수 있을 뿐이며 그 장수의 공로가 없다고 믿는다. 이 정도로 승리는 상황에서 비롯되는 것이고 인간적 노력이나 창조성을 요하지 않는 것처럼 보인다. 그러나 위험도 없고 이름도 빛나지 않을 정도로 승리가 자연스러웠다는 것이야말로 위대한 전략이다. 이 '공로 없음'이야말로 큰 공로다.

위대한 전략은 눈부신 공적이 없으며 위대한 승리는 눈에 보이지 않는다. 나는 이런 점을 정치, 기업, 경영의 영역에서 성찰할 수 있다고 생각한다. 동상이 세워지고 연말에 '올해의 최우수 경영자'로 기념되는 기업인들을 보라. 몇 년이 채 안 되어서 파산하거나 도주하는 경우가 드물지 않다. 내가 누구를 생각하는지 알 것이다.(유명한 프랑스 기업가를 지칭하는 것으로 추정된다—옮긴이) 그런데 우리가 이야기하지 않으며 심지어 이야기할 **생각조차 하지 않는** 이들이 많다. 물론 그들에 대한 칭찬도 덜 한다. 그들은 시간의 흐름 속에서 잠재력을 점진적으로 활용함으로써 회사를 매우 잘 운영할 줄 알았기 때문에 위험에 직면한 적도 전혀 없고 이익은 **저절로** 생긴 것처럼 보인다. 그들은 상류에서 아주 잘 관리했기 때문에 항상 위기를 피했고 심지어 어려움을 마주친 적도 없는 것처럼 보인다. 그들은 상황을 활용했을 뿐이고 결코 화려한 목적을 설정하지도 않았으며 (꿈을 꾸게 만드는) 위대한 도전도 하지 않았기 때문에 회사의 성장은 그 자체로, 즉 흔히들 말하듯이 '좋은 건강'에서 비롯된 것 같다. 그렇다면 그들을 칭찬할 이유가 있는가? 나아가 그들을 칭찬할 **생각을 할** 이유가 있는가? 이런 점은 안타깝지만 확인할 수 있는 사실이다. 사람들의 입에 오르내리는 경영자가 아니라 진정한 경영자, 효율적 경영자가 되는 일은 실망과 자아의 고통 없이는 불가능하다. 사람들은 진정한 승리를 일구어낸 나를 인정해주지 않는다. 전략은 영웅주의의 반대다. 그리스인들은 이를 이미 알고 있었다. 따라서 경영을 잘했다는 영광도 없다. 내 설명을 듣고서 다음과 같이 말한 기업인들을 나는 많이 보았다. "실제로 저는 회사의 모든 조건을 활용하고 모든 가능성을 발전시키면서 회사를 이끌었어요. 특출난 일은 전혀 없었지만 그럼에도 계속해서 회사의 자산은 늘었고 사업 영역은 다각화되었으며 회사의 확장도 이루어졌지요. 회사는 끊임없이 건실해졌고 장악력을 발휘했습니다. 그런데 제가 회사를 떠났을 때 사람들은 저를 칭찬할 생각도 하지 않았습니다. 선생님 말씀이 맞아요. 실제적인 승리는 눈에 보이지 않습니다."

나아가 승리는 상황의 전개과정에 통합되어 있기 때문에 더 실제적이며 그만큼 눈에 덜 띈다고 나는 말하겠다. "위대한 장수는 쉬운 승리를 가져간다"는 『손자병법』의 표현은 유럽인에게 우선은 도발처럼 들리지만 이제 여러분은 이 탁월한 표현에 놀라지 않을 것이다. 유럽의 『손자병법』 번역가들은 "그런데 부정(négation, 갈등이나 충돌을 통한 효과—옮긴이)이 없다"고 말한다. 당연히 부정은 없다. 위대한 장수는 **쉬운** 승리를 가져간다는 것은 **논리적으로** 합당한 의미라는 점을 봐야 한다. 또는

『노자』에서 말하듯이 성인(聖人)은 쉬움의 단계에서 실행한다. 훌륭한 장수는 상황의 잠재력을 너무 잘 탐지해내고 유리한 요인들을 위한 여건을 조성할 줄 알았기 때문에 그가 결국 전투에 임했을 때는 말할 것도 없이 그토록 쉬운 것이다. 이제 여러분은 클라우제비츠와 벌어진 간극을 더 분명히 헤아릴 수 있을 것이다. 클라우제비츠는 정반대의 이야기를 하기 때문이다. 효율성은 부딪친 어려움에 비례한다고 그는 말한다. 이런 점이 바로 유럽 사상의 영웅주의적 측면이다. 예를 들어, 클라우제비츠의 말에 따르면, 전쟁에서 기쁨의 효과는 비싼 대가를 치르고 어렵게 성과를 획득한 만큼 큰 것이다. 너무 쉽게 얻은 기쁨은 성과가 별로 없는 기쁨이다. 이는 쾌거에 대한 뿌리 깊은 애착이고 유전적인 고난 예찬이다.

과정(processus): 작물의 성장을 성찰하다

이제 우리는 문제가 되고 있는 간극의 가장 뚜렷한 지점을 건드리게 된다. 중국이 발전시킨 과정(숙성)의 사유는 효과의 극화(劇化)와 얼마나 분리되어 있는가? 효과의 극화에서 효과는 겉으로 드러난 것이지만 억지로 그렇게 된 것이다. 즉 억지로 한 것이기 때문에 겉으로 드러난 것이다. 효과가 겉으로 드러나는 것은 억지로 할 때다. 따라서 이런 효과는 인위적인 것 또는 **사이비** 효과에 불과하다. 잠시 전략 사상을 떠나 『맹자』에서 끌어온 일화를 통해 이 점을 예시해보겠다. 『맹자』는 책사들의 시기인 기원전 4세기의 이른바 유교적 전통에 속한 주요 텍스트다. 실제로 맹자가 전쟁에 대해 사유하지 않은 것은 그가 효과의 적극성을 포기한다는 뜻이 아니라는 점에 주목해야 한다. 다만 효율성의 관점에서 맹자는 군주가 발휘하는 도덕적 영향력이 더 이롭다고 본 것이다. 혹은 맹자가 전략에 무관심한 것은 더욱 깊은 효율성의 조건으로 거슬러오르려고 하기 때문이다(즉 더 높은 곳에서부터 세勢를 획득하려는 것이다). 타인들에게 정의롭고 믿음을 주며 백성을 지켜주고 세금과 노역을 줄여라. 그러면 다른 군주들의 백성과 경쟁자가 스스로 문을 열 것이다. 그들은 자발적으로 당신에게로 올 것이므로 그들을 정복할 필요가 전혀 없을 것이다. 맹자는 효과의 강제력을 포기한다기보다는 도덕의 효과가 가장 크다고 생각하는 것이다. 도덕은 지나치게 과시적인 난폭한 힘에 비해 시원적인 단계에서 감지 불가능한 방식으로 작동하므로 효율성이 더 크다고 맹자는 생각한다. 도덕은 더 근원적이고 더 내적이며 더 스며들어 번지는 환경을 조성하기 때문에 도덕에 저항할 힘은 더더욱 작아지는 것이다. 도덕적 전략은 군사적 전략보다 미묘하다.

　　맹자는 다음과 같은 이야기를 전한다. 한 농부가 저녁에 돌아와 아이들에게 말한다. "오늘 일을 많이 했단다. 밭의 싹들을 하나하나 잡아당겨줬지. 밭 전체의 새싹들을 모두 잡아당겨줬더니 피곤하구나." 아이들이 밭에 나가봤을 때 싹들이 모두 말라비틀어져 있었음은 물론이다. 이런 것이 바로 행하지 말아야 하는 일의 예라고 맹자는 말한다. 싹이 자라기를 바라며 싹을 잡아당겨서는 안 된다. 목적대상으로 정한 것을 근거로 가장 직접적으로 효과를 얻고 싶겠지만 이는 효과를 놓치는 길이다. 억지로 효과를 내려고 했기 때문이다. 싹이 자라기를 바라고 싹을 잡아당기는 것, 성장을 서둘러 앞당기기 위해 **직접적으로** 작용을 가하는 것은 이미 시작된 과정을 거스르는 일이다. 효과가 자연스럽게 나타날 가능성을 방해하고 막는 일이기 때문이다. 당연히 싹의 성장은 **상황 속에** 함축되어 있다. 성장은 땅 속의 씨앗에 들어 있는 것이다. 개입하고 힘을 쏟고자 하는 대신에 이 잠재력을 활용하는 것, 즉 **성숙하도록** 놔두는 것으로 족하다.

맹자는 피해야 할 두 개의 암초가 있다고 말한다. 첫째는 싹을 잡아당겨서 **직접적으로** 성장을 이루려는 것이다. 이는 목적성이 있는 적극적 행동주의로서 성장의 자연스러운 과정을 존중하지 않는 것이다. 달리 말하면 효과가 숙성하도록 놔두지 않는 것이다. 둘째는 밭의 가장자리에 서서 자라는 것을 지켜보는 것이다. 즉 성장하기를 기다리는 것이다. 그렇다면 무엇을 해야 하는가? 나는 모든 농부가 알고 있는 것을 해야 한다고 답하겠다. 싹을 잡아당기는 것도 아니고 단지 싹이 자라는 것을 지켜보는 것도 아니다. (과정을) 그대로 놓아두되 **그냥 되는 대로 내버려두는 것**은 아니다. 맹자의 말을 따르자면 싹 밑의 잡초를 뽑고 김을 매주는 것이다. 경작이 용이한 땅을 조성하고 공기를 통하게 함으로써 성장을 보조하는 것이다. 기다리지 못함도 삼가고 아무것도 안 함도 삼가야 한다. 능동성도 아니고 수동성도 아니다. 그러나 성장의 과정을 도움으로써 작동 중에 있는 성향을 활용하고 이 성향이 전력을 다할 수 있도록 이끄는 것이다.

   '모든 농부가 알고 있는 것'이라고 말할 때 그 이면에는 성장의 과정에 기초한 농경 사상이 모습을 드러내고 있음을 볼 수 있다. 단순 도식의 인간학을 주장해서는 안 되겠지만, 오드리쿠르(Haudricourt)가 내세운 유목민과 농민의 중요한 차이를 무시할 수는 없을 것이다. 성서의 맥락에서 유목민족을 보자. 목자가 가축떼와 함께 있고 그는 가축떼에 명령을 내린다. 그런데 중국에서 유목민들은 서북부 국경 쪽의 대초원에 있다. 동부에는 바다가 있다. 두 곳 사이에 평야가 있다. 아주 오래전부터 이 평야는 목축을 위해서는 인구 규모에 비해 너무 좁은 곳이었다. 중국 농민은 이곳에 물을 대고 비옥하게 만들면서 수천 년간 인내를 가지고 최대한 이 평야를 활용했고 풍부한 수확을 거두었다. 이로부터 중국 사상이 배운 것은 영웅적이고 수사학적인 모델을 구축하여 발명의 힘으로써 세계에 영향을 가하는 것이 아니라, 무한히 점진적이고 고요한 성장 과정을 따르는 데 동의하고 그것에 의지하는 것이었다.

　나는 전략가들을 논했고 도덕주의자 맹자를 논했다. 그러나 중국 사유의 또다른 주요 부분인 이른바 도가(道家) 사상가들도 내세울 수 있다. 이 점과 관련하여 중국 사유 전체는 동일한 것을 말하기 때문이다. 또는 고대 중국의 한 사상가가 지적하듯이 모든 논의 아래에는 논의되지 않은 것이 있다. 그 것이야말로 **합의의 기초**로서 이것으로부터 비로소 논의를 할 수 있고 입장을 취할 수도 있으며 나아가 서로 대립하고 논박할 수도 있다. 사실 이런 점은 유럽 철학에도 해당된다. 내가 중국을 통해 우회함으로써 드러내려는 것이 바로 합의의 기초이면서도 충분히 사유되지 않은 채로 남아 있는 것이다(사람들은 이런 합의의 기초 안에서 의견 일치를 보이면서도 그것을 깊이 성찰하지도 않고 명백히 밝히지도 않는다). 중국 쪽을 보면 성장이 암묵적으로 가르쳐주는 것과 관련하여 문제시되지 않은 **합의**가 있다. 간섭하고 애쓰는 것이 아니라, 성향에 순응하고 성향과 함께 가는 것, 앞으로 이끌고 가는 것이 아니라 **보조하는 것**, 즉 영광도 없고 심지어 주의를 끌지도 않으면서 겸손하게 둘째가 되는 것, 그래서 이런 성향이 전개되도록 하는 것은 문제시되지 않은 합의다. 노자는 한마디로 위엄 있게 요약한다. "만물의 스스로 그러함을 도와줄 뿐이다."(輔萬物之自然)

　이 표현은 표면적으로만 역설적이다. 억지로 하지 않으면서 되는대로 내버려두지도 않음을 표현의 긴장을 통해 정

확히 나타내고 있다. 게다가 그런 외형적 역설을 통해 가장 일
반적인 경험(농부의 경험)을 말하고 있다. 모두가 알고 있는 것
(또는 모두가 행하고 있으나 생각하지 않고 있는 것), 그러나 유럽의
범주 구분 때문에 읽지 못하는 것을 말하고 있는 것이다. 한편
으로 자연적 생성의 차원, 또는 더 정확히는 '성장'(phusis)의 차
원과, 다른 한편으로 인간에게 고유하게 속한 창조행위, 즉 '기
술'(techné)을 분리하도록 가르친 것은 사실 그리스 전통이다.
아리스토텔레스에서처럼 자연은 이런 분리 후에 비로소 테크
네의 모델에 따라 사유된다. 또한 아리스토텔레스는 자연을 장
인처럼 솜씨 있고 심사숙고하며 의지적이고 목적을 스스로 부
여하는 것으로서 생각한다. 반대로 중국은 인간 행위를 자연적
생성의 운행과 순환에 따라 생각했다. 게다가 중국은 자연에
대한 고유한 개념을 분리해내지 않아도 되었다. 자연에 대립시
킬 만한 것을 가치나 체계로 내세운 적이 전혀 없기 때문이다.
(순자荀子 같은) 몇몇 중국 사상가들이 그런 시도를 했으나 결코
명확한 작업이 이루어진 적은 없었다. 중국에는 자연을 지시하
는 표현은 다양하고 많으며 그 한계가 없을 정도다. 자연을 말
하기 위해 (조정되고 계속되는 운행으로서) '하늘'을 말하고, 또는
(풍요로운 상호작용을 낳는 양극성을 전개하기 위하여) '천지'(天地)를
말한다. 또는 더 정확히는 둘의 조화를 통해 모든 생성이 비롯
되는 '주도권'(양陽)과 '수용성'(음陰)을 말한다. 또는 '자발성'
('스스로 그러하다'는 의미의 '자연'自然)을 말한다. 사실 중국인들

이 19세기 말에 유럽의 'nature'를 '자연'이라는 용어로 번역한 것은 중국인들의 사유가 당시까지 침잠되어 있던 **운행성**의 현상을 이제부터는 일의적이고 최소한 인간 행위와 독립된 방식으로 생각하기 위해서였다.

전략적 양상들: 우회와 은미(隱微)

중국적 효율성은 성장하게 한다는 기초 작업에 영감을 받고 끊임없이 이런 작업으로 되돌아오기 때문에 다음의 두 용어로 특징지어진다: 효율성은 **우회적이고 은미한 방식으로** 작용한다. 즉 효율성은 자연처럼 영향을 통해 작용한다. (클라우제비츠의 경우처럼) 수단-목적의 관계가 효율성을 추구된 목적에 이르는 '가장 짧은 길'로서 생각하도록 한다면, 중국적 효율성은 어떤 계획이 아닌 귀결의 차원에서 유리한 요인들, 또는 우리가 유리하게 만드는 요인들에서 비롯되므로 우회적 효율성이다. **우회인 이유는** 오직 과정의 흐름에 투입되고 이 흐름을 거친 것만이 진정한 실제 효과로 기대되기 때문이다. 작물이 잘 자라도록 김을 매주는 일은 우회적인 것이다. '자라게 한다'고 할 때 '~게 한다'(faire)는 것은 극히 피곤한 일이지만, 그 자체로 전개되는 성장을 (지원하지 않으면서도) 받쳐주는 일일 뿐이다. 내게 유리한 것을 보조한다고 말할 때 이 경우 효과가 나는 것은 **상황 자체로부터**다. 추구하고 원하는 주체는 내가 아니다. 결과에 이르는 것은 시작된 조건들 또는 때에 맞게 활용된 조건들이다. 달리 말하면 이런 조건들이 나를 위해 일한다. 출발점은 주체 아니면 상황인데, 중국 사유는 자아-주체보다는 상황에서 출발하는 것이다.

이 점에서 중국 사유와 유럽 사유의 간극은 깊어진다. 유럽 사상사의 과정에서 볼 때 유럽 사유는 점점 더 명백하게 주체의 기능으로부터 그리고 주체의 관점에서 사유했다. 유럽 사유의 마지막 변신인 오늘날의 정신분석학도 그 증인이다. 그리스인들은 절대존재와 세계로부터 사유를 시작했다. 그러나 아우구스티누스부터 데카르트까지 코기토(cogito, '나는 생각한다'라는 뜻으로 사유하는 주체를 말함—옮긴이)가 철학의 출발점으로 잡혔다. 이제 (헤겔이 말하듯이) '진리의 땅'이 드러났다. 중국인들이 그토록 평정하게 밝힌 것과 달리 유럽 사유는 절대주체로부터 사유함으로써 과정의 **자발성**에 대해 덜 이해했던 것이다. 그러나 유럽 사유는 더 열정적이고 치열하게 자아-주체와의 관계 속에서 사유했기 때문에 그 이면이 불쑥 나타났다. 즉 (위대한 유럽적 가치로서 인정된) **자유**가 '뽑혀 나온 것'이다.

두번째 특징은 우회의 귀결인 은미함이다. 중국적 효율성은 **은미하다**. 작물이 자라는 것은 보이지 않는다. 조건들이 무르익도록 장군이 상류에서 행하는 것도 눈에 띄지 않는다. 상류에서 착수하면서 그는 주변상황이 아직 유동적이고 연성

(延性)이 있을 때, 힘주어 누르지도 않고 더더욱 억지로 하지도 않는 가운데 그 상황의 방향을 전환시킨다. 그런데 노력은 보이지만 작용 중의 효과는 보이지 않는다. 『손자병법』에서 말하기를, 장군은 적이 의식하지 못한 가운데 조금씩 점진적으로 적의 세(勢)를 무너뜨린다. 심지어 그의 주위에 있는 동맹들도 이런 효과를 의식하지 못한다. 결국 결과가 드러났을 때는 반응하기에 이미 늦은 것이며 그 결과는 더이상 '이탈'하지 않는다. 이런 결과는 식별되지 않는 만큼 저절로 이루어진 것처럼 보인다. 그래서 아무도 장군을 칭찬할 생각을 하지 않는 것이다. 앞에서 나는 자아-주체의 문제와 관련하여 발생할 수 있는 손실을 이미 이야기했다. 화려한 등장이나 영광은 끝났다. **자아**(ego)는 일정 부분 좌절을 겪는다.

유럽: 행동, 영웅주의, 서사시

하지만 논의를 늦추지 말고 이미 시작된 비교를 계속 이어가보자. 유럽 쪽에서는 모델화와 수단-목적 관계가 전면에 설정되고 나면 그후에 필연적으로 뒤따라오는 것은 **행동**이다. 계획을 세우는 것으로는 충분치 않다. 계획을 실행에 옮겨야 한다. 이론-실천 관계에서 실천은 희랍어로 '행하다'(prattein)라는 의미다. 관념적 형상을 실재 속에 집어넣기 위해서는 행동해야 하고 노력을 쏟아야 한다. 이 '집어넣음'은 항상 어느 정도의 인위성을 전제한다. 이로부터 **두번째 단계**에서 지성과 대조를 이루는 능력, 즉 의지가 요청된다. 의지는 지성을 이어받고서 지성이 투영한 형상을 저항적이고 유순하지 않은 질료에 각인하려고 개입한다. 그런데 이런 두 기능은 관계가 없다. 지성과 의지는 각각 자기 고유의 원리를 가지고 있고 각기 다른 차원에서(지성은 인식의 차원에서, 의지는 행동의 차원에서) 작용한다. 데카르트가 그 증인이다: 나의 지성은 유한하고 오류를 범할 수 있다. 그러나 나의 의지는 신이 무한하듯이 무한하다. 따라서 결정적으로 의거해야 할 것은 의지다.

클라우제비츠를 보라. 그에 따르면 작전실행 중에 계획이 좋지 않다는 것이 확인되어도 어떤 값을 치르더라도 끝까지 계획을 유지해야 한다. 온 힘을 다하면 결국 계획은 결과를 만들어낼 수 있다는 것이다. 반면 이미 실행 중인 계획을 바꾸는 것보다 나쁜 일은 없다. 이 경우 완전한 무방비 상태가 될 것이기 때문이다. 이런 역설에서 클라우제비츠는 빠져나오지 못했다. 비록 그는 실제 전쟁이 모델로서의 전쟁에서 항상 이탈되며, 투영된 계획이 위태롭다는 것을 제대로 알아보았음에도 불구하고 다음과 같은 준칙에 충실하다. 이 준칙은 전략의 파기와 다르지 않은 것으로서 최후의 명령이다. '계획을 일단 실행시킨 순간부터는 무슨 값을 치르더라도 필사적으로 그것을 지켜야 한다.' 이는 데카르트가『방법서설』에서 이미 엄명한

점이기도 하다: 숲에서 길을 잃고 어디로 가야 할지 모른다면 비록 위험이 있는 방향이더라도 한 방향을 택하고 같은 쪽으로 '언제나 똑바로' 걸으면 언젠가는 빠져나올 수 있다.

　　　이런 점이 바로 유럽적 효율성 사유의 또다른 주요 측면이다. 한편으로 주지주의와 형식적 추상화가 있고 다른 한편으로 영웅주의와 서사시가 있다. 이 둘 사이에는 간극이 있으나 두 측면은 상호 보완되고 더 정확히는 상호 보상된다. 그러나 서사시는 모든 곳에서 발견되고 모든 위대한 문명들의 출발점에 나타났으며 서사시가 이 문명들의 여명이라고 말할 수 있을는지도 모르겠다. 나는 호메로스의 서사시를 이야기했지만, 서사시는 인도에서도 스칸디나비아 지방에서도 발견되고, 프랑스, 더 정확히는 미래의 프랑스(고대 이후의 프랑스―옮긴이)에도 무훈시, 롤랑, 롱스보가 발견된다. 모든 곳에서 문학은 기념해야 할 위대한 영웅적 행동에 대한 이야기로 시작되었다. 일본도 마찬가지다. 서사시는 모든 곳에 있었는가? 중국만 제외하고는 그러하다. 중국은 서사시가 없었던 큰 문명이다. 중국에서는 서사시가 상실된 것이 아니라 아예 생각되지 않았다. 중국은 음유시인도 음영시인도 없다. 전투를 묘사한 행동과 모험에 관한 소설들은 존재한다(매우 아름다운 『수호지』가 있다). 그러나 이런 소설들은 비교적 늦게 등장했고 문사(文士)들의 언어가 아닌 지방어로 쓰였다. 이 소설들의 기원은 모호하며 부분적으로는 외부에서 온 것이다. 이 소설들은 주류 문학의 여백에서 발달했고, 문학이 생겨나게 된 요인이자 다른 모든 곳에서는 서사시로 꽃피울 중심적 기능을 결코 갖지 못했다. 이런 부재가 최소한 징후의 가치는 있다는 점은 인정될 수 있을 것이다. 중국은 농부가 우회적으로 촉진시키는 작물의 은밀한 성장을 통해 실제적 효과를 사유했기 때문에 영웅시에서처럼 행동을 특별히 눈에 띄게 하는 방식으로 칭송하고 극화하는 데 무관심할 수밖에 없었다.

중국의 경우: 무위(無爲)

의지와 결부된 행동의 영웅주의(그리스적 신은 '데미우르고스'이며 플라톤에서 데미우르고스는 모델화하고 기하학적으로 만든다)(데미우르고스는 그리스어로 '제작자'製作者라는 의미로, 플라톤의 『티마이오스』에서는 세계를 창조한 거인의 이름이다. 하지만 세계를 무無에서 창조한 기독교의 신과는 달리, 데미우르고스의 세계 창조는 이미 주어진 이데아와 재료로 이루어졌다―옮긴이)에 맞서는 중국 사유의 위대한 문구는 잘 알려져 있다. 그것은 '무위'로서 모든 학파들을 관통하며 분명 중국 사유를 상징한다. 그러나 유럽인에게 중국적 무위는 대부분의 경우 초탈, 포기, 수동성, 즉 동양적 초연함 같은 것으로 잘못 이해되었다. 중국 친구들과 어느 정도 교제해본 모든 사람들은 그들이 수동적이지 않고 자기를 포기하지도 않으며 초연하지도 않다는 점을 아주 잘 알고 있다. 사업에서 그들은 최고다. 몽테스키외는 이미 이런 점에 주목했었다. 따라서 중국적 무위는 문장 전체를 고찰하면서 읽어야 한다: "하지 않으나 이루어지지 않음이 없다."(無爲而無不爲) 이는 다음과 같이 번역할 수도 있다: "이루어지지 않는 것이 아무것도 없도록 아무것도 하지 않는다." 여기서 문장의 양쪽을 이어주는 허사(虛辭) '이'(而)는 "그러나 이루어지지 않는 것이 없다"에서처럼 '그러나'를 뜻하는 동시에 "이루어지지 않는 것이 아무것도 없도록"에서처럼 '~도록' 또한 뜻한다. '이'(而)는 '그러나'와 '~도록'을 동시에 뜻하는 것이다. 동일한 하나의 연결이 고유의 작동 방식에 따라 두 가지를 관계지음으로써 과정의 논리에 들어갈 수 있다는 점을 이제 여러분은 충분히 이해할 것이다.

또는 모두가 알고 있는 중국용어 '음양'을 생각해보자. '음이양'(陰而陽)이라고 말할 경우, 이는 '음이지만 양'(두 용어는 대립되며 양극을 형성한다)을 뜻하는 동시에, '양이 되는 음' 또는 '양으로 이행하는 음'(하나의 지배로부터 다른 것의 회귀가 이어지며 이로부터 운행의 단절 없는 연쇄가 비롯된다)을 의미하기도 한다. 하나의 동일한 단어가 두 가지 뜻을 동시에 말함으로써 (대립되는 항들로서) 음과 양이 함께 존재하고 또한 바로 그런 점을 통해 어떻게 각각의 대립항이 다른 항으로 이전되는지를 한꺼번에 말하는 것이다. 아무것도 하지 않지만(않으므로) 이루어지지 않는 것이 없다. 또다시 역설은 외형적일 뿐이다. 문구에서 아직 우리에게 거슬리는 것은 무모순성에 근거한 유럽적 구문 연결의 도식에 따라 우리의 정신이 가로막고 있는 대립항들의 비(非)-폐쇄와 비(非)-배제뿐이다. 각각의 요소는 다른 요소와 대립하면서 그것의 결과가 되며 이 점에 **운행**의 이해가 달려 있다. (이 지점에서 헤겔은 중국과 만난다. 실제로 중국 마르크스주의자들도 고대 중국의 '기초적 변증법'을 다루었다.) 또는 이 문구가 처음 보기에 이상한 것 같다면, 그럼에도 불구하고 우리는 그 정확성이 일상에서 확인된다는 점을 발견한다. 하루 종일 많은 일을 하고 나서, 즉 많은 것을 '하고 나서' 저녁에 돌아와 이렇게 외치고 탄식하지 않는가! "아, 내가 하지 못한 것이 얼마나 많은가!" 그러니 이런 점을 **거꾸로** 경험을 통해 확인하기 시작해보자. 우리가 많은 것을 행할수록 우리는 작동 중의 운행과정을 파열시킴으로써 우리가 행한 것의 주변 모든 곳에 아직 행해지지 않은 것을 더더욱 나타나게 한다.

행동-변화

그러나 '행동'하지 않는다면 무엇을 하는가? 중국 사유의 중심 용어는 '변화'(變化)다. 행동하기보다 변화시킨다. 이는 현자뿐 아니라 전략가에게도 해당된다. 현자는 인류 전체를

'변화'시키고 전략가는 적을 변화시킨다. 이미 이야기했듯이, 적이 휴식을 취한 상태로 오면 피곤하게 만들어야 한다. 즉 변화시켜야 한다. 적이 결집되어 나타나면 분열시키는 등, 적이 점차적으로 침착성을 잃고 결국 분열되고 굶주리고 고갈된 상태로, 즉 역량을 잃은 채 내게 나타나도록 하는 절차를 수행해야 한다. 그래서 내가 적을 공격하면 바로 그가 굴복할 정도가 되어야 한다. 위대한 조타수 마오쩌둥의 작품은 오늘날은 솔직히 말해 중국에서조차도 잘 읽히지 않지만, 나는 그의 작품의 전략적 부분, 특히 (일본에 맞선 1938년의) 텍스트 『지구전(持久戰)론』에 주목하고자 한다. '지구전'은 변화를 통한 전쟁이다. 당시 일본은 무기와 화력에서 중국보다 훨씬 강력했기 때문에 일본에 맞서서는 '소모전'만이 가능했다. 여기서 '소모'는 무엇인가? 그것은 점진적 쇠퇴를 통해 적이 조금씩 잠재력을 잃게 만들어 결국 상황의 전복에까지 이르도록 하는 지속적인 변화일 수밖에 없다.

　　이처럼 중국 사유는 행동과 대비하여 변화가 무엇인지 파악하도록 해준다. 행동과 변화는 체계적으로 대립될 수 있기 때문이다. 행동에 대해 나는 다음과 같이 말하겠다. 1) 행동은 일시적이다. 비록 일시적 기간이 오래 지속된다고 해도 말이다. (트로이 전쟁처럼 10년이 될 수도 있다!) 2) 행동은 지엽적이다. 행동은 **지금 여기서**(hic et nunc) 일어난다. 3) 행동은 주체를 명시적으로 가리킨다. 물론 주체는 '우리', 트로이 장벽 아래의 아카

이아인들 같은 집단일 수도 있다. 또한 행동은 지엽적이고 일시적이며 주체를 지시하기 때문에 사물의 흐름으로부터 분리된다. 요컨대 행동은 눈에 띄며 서사시나 위대한 영웅적 행위에 담긴 이야기 대상이 될 수 있다. 반면 변화는 정확히 이와 반대되는 방식으로 사유된다. 1) 변화는 지엽적이지 않고 전체적이다. 변화하는 것은 총체다. 2) 변화는 일시적일 수 없고 지속적으로 확장된다. 변화는 점진적이고 지속적이다. 변화는 항상 전개과정, 달리 말해 운행과정을 필요로 한다. 3) 변화는 지목된 주체를 가리키기보다는 영향을 통해 주변에 스며들고 확산되는 방식으로 은미하게 진행된다. 따라서 변화는 눈에 띄지 않는다. 우리는 변화의 결과만을 볼 뿐이다. 익고 **있는** 과일은 보이지 않지만 어느 날 우리는 과일이 익어서 떨어지기 직전임을 확인한다. 고요하게 자라는 싹에 대한 맹자의 예를 다시 생각해보자. 식물이 자라는 것은 보이지 않는다. 자람의 현상은 전체적이고 지각 불가능하게 점진적이며 시간의 흐름 속에 융합되어 있기 때문이다.

그런데 중국인들은 말할 것이다. 더욱이 존재하는 것 전체가 **사실상** 일련의 변화과정들일 뿐이라고 말이다. 행동은 두드러지고 표피적이며 외형적이다. 오직 변화만이 실제적이다. 행동은 사물들의 흐름에서 집약(응고)이고 수축이기 때문이다. 이 때문에 행동은 구조상으로 덧없고 피상적일 수밖에 없다. 나아가 역비례 방식으로 다음과 같이 표현할 수 있다. 덜 보일수록 더 실제적이다. 실재를 이루는 비가시적인 것은 (이념적이고 신학적인) 형이상학적 비가시가 아니라 지속적이고 운행적인 변화의 감지 불가능성이다. 예를 들어 우리는 키가 자라고 늙는 것을 보지 못한다. 어느 날 아침 흰머리가 하나 더 보이면 '이런, 내가 늙었구나'라고 말하게 된다. 이는 단서이고 지표다. 그러나 우리는 늙**고 있음**을 보지는 못한다. 변화는 전체적이고 비단절적이기 때문이다. 얼굴선뿐 아니라 피부의 점, 목소리 음색, 눈빛 등 존재 전체가 함께 변한다. 이미 이런 부분들을 분리하여 명명하는 것 자체가 추상적인 일이다. 얼굴에서 모든 것이 동시에 변하고 나란히 진행되기 때문에 어떤 변화도 따로 떼어놓을 수 없고 ('속성'으로서) 정체규정을 할 수 없다. 따라서 어떤 변화도 두드러지지 않으며 눈에 띄지 않는다. 단지 20년 전 사진의 나를 바라볼 때 '이런, 내가 늙었군'이라고 말하게 될 뿐이다. 이런 것은 결과다. 자연도 마찬가지다. 얼음이 녹는 것도 강물에 의해 퇴적층이 형성되는 것도 보이지 않는다. 이는 지속적인 침식작용이다. 그런데 풍경을 만들어내고 지형을 이루는 것은 이같은 변화다. 이런 측면에 대해 중국인들은 '심층에서 일어나는 이동'〔潛移〕과 '고요 속에서 전개되는 변화'〔黙化〕를 말한다(왕부지王夫之). 변화는 항상 고요하다. 행동은 영웅적인 동시에 소란스럽다. 또한 현자는 행동하는 것만큼 말하는 것도 삼간다. (공자: "나는 말을 하지 않으려 한다. ……네 계절이 돌아가고 만물이 생장하는데 하늘이 무슨 말을 할 필요가 있겠는가?") 행동

63

과 말은 둘 모두 강제로 주의를 끌어내고 고정시키지만(말도 역시 설득을 위해 강제한다) 역시 부대현상으로 그치고 만다. 오직 고대 중국만이 서사시를 갖고 있지 않았다면 그것은 보이지 않는 변화의 진행과정(숙성)에 대해서는 말할 것이 아무것도 없기 때문이라는 점이 이제는 이해될 것이다.

사건의 신화

이런 관점은 중국인들이 역사를 기술하는 방식에서도 확인된다. 유럽에서 많은 경우 역사는 왕위에 오른 왕, 전쟁, 평화, 조약 등의 사건적 방식으로 그리고 이에 따라 인과론적 방식으로 기술되고 읽혔다. 그러나 유럽의 현대 역사가들, 아날 학파(브로델 학파)라고 불리는 이들이 변화의 긴 시간을 통해 역사를 파악하는 다른 방식을 도입한 것도 역시 주지의 사실이다. 예를 들어 유럽에서 자본주의의 대두와 관련하여 변동 지표들을 쉽게 발견할 수 있다. 그러나 전체적으로 볼 때 관건이 되는 것은 행동이 아닌 과정이며 이런 점은 왕위계승 날짜를 적듯이 시기가 정해지는 것이 아니다. 그런데 (왕부지 같은) 많은 중국 사상가들도 마찬가지로 변화의 긴 시간에 따라 역사를 파악했다. 중국 역사에서 제국이 출현한 기원전 221년의 가장 특징적 사건을 예로 들어보자. 이 제국은 로마 제국보다 훨씬

앞섰던 세계 최초의 관료제 국가였다. 사실 로마 제국은 국가 구조와 행정의 차원에서 중국 제국에 필적할 만한 것이 전혀 없다. 그런데 중국인들이 어떤 방식으로 이 역사적 국면을 기술하는지 살펴보면, 기원전 221년 이전부터 많은 부분에서 이미 선(先) 제국적 구조가 작동하고 있었음을 설명하는 것을 확인할 수 있다. 제후가 사라졌을 때, 관료적 유형의 (또는 관료제의 원형이 되는) 행정구조가 이미 자리를 잡았던 것이다. 마찬가지로 기원전 221년 이후에 구체제로 회귀하려는 일련의 반란이 일어난 것은 필연적인(논리적인) 일이었다. 이 '반동적' 움직임은 백 년이 넘도록 서서히 잦아들면서야 비로소 완전히 소멸되었으니 말이다. 따라서 근본적으로 볼 때 오히려 중국 제국의 건립을 가리키는 기원전 221년이라는 시기는 점진적일 뿐 아니라 지속적이고 항상 전체적인 진화과정의 돌출 지점이자 표지(標識)일 것이다(예를 들어 공공 지출 체제와 교육 방식은 행정적 변동과 함께 이루어졌음이 제시되었다).

이로부터 유럽에서 사건을 갑작스런 출현으로서 강조하고 기념해온 방식이 새롭게 조명된다. '사건'(é-vénement)은 '밖으로 나오다'(e-venit)라는 뜻이다. 우리 역사의 개인적·집단적 극화(劇化)로 이끄는 신화가 여기서 비롯된다.('9·11 사태'를 보라!) 그런데 중국 사유는 사건을, 지속적으로 쇄신되는 변동의 물결 위로 떠오르는 한 줌의 거품쯤으로 보기 때문에 그런 극화에서 벗어나 있다. 심지어 사건으로의 집중을 타파하는 데서 지혜와 전략이 비롯된다. 물론 농부는 (시간을 두고) 변형시키며 군인은 (순간마다) 행동하므로 외형적으로는 양자가 대립된다. 그러나 중국 사유는 농부를 본보기로 군인에 대해 사유했다. 그렇기 때문에 중국 사유는 사건이 아닌 것에 그토록 주의를 기울였고 그것을 근거로 전략을 확립하는 데까지 나아갔다.

서두에서 나는 몽테스키외와 관련하여 기독교가 중국에 들어가기 어려웠던 점을 언급했는데, 그 부분에 의거해보면 우리는 기독교 메시지에 대해 중국 문사(文士)들이 주저한 본질적 이유 중 하나가 바로 사건에 부여한 위상 때문이었음을 잘 알 수 있다. 거꾸로 기독교는 사건을 신성화하고 나아가 절대적인 것으로 승격시키니 말이다. 육화(肉化, 하느님의 아들이 사람으로 태어남―옮긴이)가 그렇다. 육화는 영원이 시간의 차원을 단절하러 온 것이다. 육화 이전과 육화 이후가 초월적으로 분리되어 존재한다. 심지어 이것이 바로 절대사건의 비교 불가능성으로서 그 이전에도 그 이후에도 동일한 사건은 전혀 없다. 그런데 기독교와 분리 불가능한 사건적 성격(불교는 이런 것이 없었기 때문에 중국에 쉽게 들어갔다)에 맞서 중국은 비록 역사 양식(樣式)을 그토록 발달시켰음에도 불구하고 '대서사시'에 대해서는 무관심했다. 반대로 중국은 역사라는 것이 행동의 소란스러운 양상이 아니라 변화의 '고요한' 양상에 따라 밝혀진다는 점을 보여준다.

따라서 전략가는 현자와 마찬가지로 행동하지 않고 **변화시킨다**. 이런 전략적 차이의 특히 강렬한 사례를 베트남 전쟁이라는 최근의 사건에서 확인할 수 있다. 내가 볼 때 베트남 전쟁은 (정치적·경제적인) 두 세계의 대면이라기보다는 두 전략의 대면이다. 비록 디엔비엔푸(1953년에 일어난 베트남과 프랑스의 전쟁. 이 전쟁에서 패한 프랑스는 인도차이나에서 손을 뗐다―옮긴이)도 이런 방식으로 읽힐 수 있으나 신중을 기하기 위해 프랑스와 관련된 일화는 언급하지 않겠다. 미국의 경우를 보자면, 기다렸던 것과 **목표로 했던 것**은 위대한 대면과 위대한 사건으로 여겨지며 최대한의 파괴적·집중적인 힘을 요구하는 대대적인 전투였음이 명백하다. 그런데 베트남의 전략은 전통적으로 베트남인들이 중국인들에게 되돌려친 중국적 전략으로서 미국의 그런 기대를 좌절시키는 것이었다. 전투는 없을 것이다. 점진적 마모와 역량상실을 유발하는 과정이 전투를 대체한다. 이는 너무 부분적이라서 안 좋은 용어인 '심리전'으로 불리기도 하지만 여하튼 이에 따라 적은 점점 당황하게 되고 어찌할 바를 모르는 가운데 자신감을 잃게 되며 결국 기대했던 큰 전투를 벌이지도 못한 채 패배하게 된다.

또다시 클라우제비츠를 통해 유럽 쪽을 조명해보면 전쟁의 목적은 '행동'이고 행동은 **파괴**에서 정점을 이룬다. 가능한 한 최대한 많은 인명을 살상해야 한다. (클라우제비츠가 고찰하는) 아우스터리츠의 나폴레옹을 기억해보자. 그 유명한 안개를 활용하면서 나폴레옹이 적진을 무너뜨릴 때 그는 최대한 많은 사람을 수장시키려고 얼어붙은 늪에 대포를 쏘게 한다. 살상자가 많을수록 승리가 큰 것이다. 그런데 유럽의 『손자병법』 주석가들을 매우 놀라게 한 문장이 있다. 다음과 같은 말이다. "군대를 온전히 보존하는 것이 더 낫다." 아군뿐 아니라 적군도 온전히 보존하는 것이 낫다. 사람을 죽이는 것은 항상 어느 정도는 상실이라는 점을 인정해야 할 것이다. 적군을 우리 편으로 만드는 것이 낫다. 우리 쪽에 유리한 잠재력이 그만큼 증대할 것이다. 또한 유럽의 경우 전쟁에서 '행동'의 정점을 이루는 **파괴**(destruction)와는 반대로 중국의 경우는 **탈구조화**(déstructuration)를 말할 수 있겠다. 탈구조화는 변화의 은미하고 전체적이며 지속적인 절차를 의미한다.

경험론인가?

고요한 변화의 '운행' 논리에 진입하기 위해 더 많은 시간을 할애해보자. 상황의 장점을 활용하는 중국의 전략적 사유와 유럽에서 이 사유와 혼동되는 경향이 있는 것을 구분하기 위해서라도 말이다. 나는 다음과 같은 논박을 듣기 때문이다. 우리는 어떤 구상이나 모델의 **선험적**(a priori) 규정을 따르기를 주저하는 모든 태도를 **경험적인 것**으로서 특징짓지 않는가? 이런 태도는 주어진 상황에 대해 고유하게 규정된, 따라서 개별적이며 나아가 비교 불가능한 특성으로부터의 탈피를 거부한다. 더욱이 우리는 최종 수단으로서 이런 '순수 경험론'을 빈번히 찬양하곤 한다(헤겔조차도 '자연권'에 관한 논문에서 그렇게 한다). '행동하는 인간'은 상황 속 여러 형태의 잡다함에 자신을 내던지고 심지어 그 속에 파묻혀 흡수되며, 주어진 상황의 '내적 삶'을 이끄는 필연성을 놀라운 확신과 함께 파악한다고까지 인정된다. 행동하는 인간은 미리 세워놓은 그 어떠한 계획과 구상에 의거할 때보다도 더 적절하게 그런 상황에 적응할 것이다. 그는 주어진 상황을 다른 상황들을 감안하지 않은 채 그 상황에 특권적으로 덧씌워진 규정의 자의성에 따라 단순화하지 않기 때문에, 주어진 상황의 예측 불가능한 전개과정뿐 아니라 그 무한한 풍성함에 열려 있다. 행동하는 인간은 자신이 진입한 상황의 중립성과 자기 정신의 유연성 사이에 범주와 방향성의 틀이 방해하며 개입하지 않는 만큼 더 용이하고 유연하게 상황 속에서 움직인다. 행동하는 인간은 '직관을 따른다'고 말해지는데, 이는 우연하게도 천재에 대한 찬양으로 회귀하는 것이 된다. 그런데 우리가 아는 바에 따르면 적어도 플라톤 이후로 천재는 설명될 수도 없고 설명되어서도 안 된다. 철학에서 이 편리한 용어인 '직관'은 지성의 작업에 포착되지 않는 모든 것을 정리해 넣음으로써 거기서 벗어나도록 해주는 잡동사니 창고다. 직관은 우리 경험의 장(場)에 끊임없이 나타나면서 파악되지도 정리되지도 않는 것을 접촉하고 **만짐**으로써, 예견되지 않은—고정되지 않은—즉각적 접근을 허용할 것이다.

그러나 숙성의 중국 전략은 이같이 거칠고 또는 너무나 신적인 **만짐**과는 아무 관계가 없다는 것을 우리는 확인할 수 있다. 중국 전략에서 유럽의 경험론 개념과 근본적으로 갈라지는 점은, 중국 전략이 존재와 인식의 양상이 아니라 **흐름 중의 전개과정**이라는 관점과 오직 그런 범주에 따라 사유하는 데서 비롯된다. 존재와 인식의 양상들은 유럽 철학의 기초를 이루는 것으로서 '잠재태'와 '현실태', 또는 실체와 우유적(偶有的) 속성(어떤 존재가 지닌 우연적인 특성이다. 예를 들어 〈소크라테스는 대머리다〉라고 할 때 '소크라테스'가 실체이고 '대머리'는 우유적 속성이다—옮긴이), 또는 **선험성**과 **후험성**, 또는 구체와 추상 등의 대립 양상들이다. 그러나 흐름 중의 전개과정은 존재와 생성의 분리를 필요로 하지 않는다. 이런 운행은 그 자체로서 온전한 실재(운행의 도道)다. 따라서 중국적 전략 개념에 진입하려면 규정성의 유럽적 존재론 사유를 떠나서 점진적이고 지속적인 현실화-비현실화의 사유에 우리의 정신을 적응시켜야 한다. 또한 중국적 전략 개념은 이 개념을 이성의 구상 및 입법 활동과 관련시키는 대신 직관의 즉각성을 내세운다고 해서 더 잘 설명되는 것도 아니다. 중국 전략가는 구상이나 모델에 사로잡히지 않지만 그렇다고 상황의 일관성을 탐색하는 일을 중지하거나, 성공으로 이끄는 상황 전개과정의 '이탈하지 않는' 논리를 따르는 일을 중지하지도 않는다.

　순수 경험론이 수용될 경우 그것은 순수 경험론 자체의 모순을 스스로 조롱하는 것이 된다는 점을 우리는 알고 있다.(헤겔은 이를 반복하여 말하며 어딘가에서 이 점을 높이 평가한다.) 이는 경험적 재료의 환원 불가능성 때문이며 이성은 이 재료를 왜곡하지 않고서는 그것에 관계와 질서를 부여할 수 없다. 이와 반대로 중국 전략가는 귀결을 그대로 펼쳐놓을 뿐이다. 간신히 지각 가능한 미세한 요소로부터 그는 전개과정을 미리 감지한다(미리 감지하는 것은 투영의 반대다). 그는 상황의 추이에 따라 이 전개과정을 점진적으로 이끌고 감으로써 최고의 잠재력에까지 도달케 하고 최대한의 효과를 낳도록 한다. 중국 전략가를 유럽의 지휘관과 구분짓는 것은 그가 '행동'의 인간이 아니라는 점이다. 지성의 활동이 길을 벗어날 수밖에 없고 극히 혼란스러운 사물들의 흐름에 대해 아무런 통제력도 없을 때, 행동하는 인간은 정신의 접촉과 분유(分有)라는 (마술적?) 능력에 의거하기 때문이다(신적인 작용에 참여하고 신성을 나눠갖는 것이 분유다―옮긴이). 또한 중국 전략가는 이성이 '마찰'이 없는 가운데 내놓는 표피적이고 너무도 평탄한 개관(槪觀)을 벌충해주는 내밀한 내면과 형용 불가능한 침잠(직관in-tuition은 '안에서 보다'를 의미한다)의 신화에 포섭되지 않는다. 중국 전략가는 (감각의 만짐에 의한) 현전(現前)과의 접촉, 나아가 현전 속으로의 침수 또는 (신의 구상에 따라) 생성을 지배하는 원거리 투영과 같은 외래적 패러다임들 중의 어떤 것에 의거해서 자신의 태도를 사유하거나 자기관리를 꿈꾸는 법이 없다.

계약도 역시 변화 속에 있다(그러나 우정도 역시 과정이다)

중국 전략가의 관심은 진행 중의 전개과정을 추상적으로 또는 자의적으로 차단하지 않고 변화가 지속적으로 자신에게 유리한 방식으로 작동하게 두는 것이다. 나는 중국에서 계약 협상과 관련하여 발생한 일을 여러 차례 목격했다. 갑작스럽게 협상과 계약 같은 진부한 사안을 언급하게 되어 죄송스럽지만 여러분과 관련된 일이라고 나는 생각한다. 철학자인 나에게 진부하거나 생각하기에 좋지 않은 주제는 없다. (사람들이 구성한 일정한 해석―나의 경우는 중국 사유를 조목조목 유럽 사유와 구분하는 해석―이 어떻게 곧이어 그 해석에 대한 응답으로서 실제 사태들의 측면과 마주칠 수 있는지를 검토하는 것은 흥미롭기까지 하다.) 프랑스의 관점에서 통상 지배적이며 내가 확인컨대 문제가 되기 힘든 견해는, 한 번 결정된 계약은 그 사건으로 인해 파트너들 간에 맺은 관계를 고정시키는 모델화 형태라는 것이다. 일단 계약서에 서명하면 **행동**할 일만 남는다. 그런데 중국에서는 서명한 계약서라도 진화과정을 멈추지 않는다는 점을 나는 확인할 기회가 있었다. 계약은 변화 속에 있었다. 우선은 매우 사소하고 미세한 수정이 계약에 가해진다. 또는 가벼운 모순들이 상황 한가운데 나타나는데, 이들 모순은 서명된 텍스트와 추후 현장에서의 진화과정 사이에 점차적으로 틈을, 그리고 균열을, 그리고 간극을, 그리고 구멍을 드러낸다. 간단히 말해 불안정성이 자리를 잡으면서 모든 지표들이 점차적으로 흔들리고 1년 남짓 후에 유럽의 계약당사자들은 서명된 계약을 내세우면서 자신을 보호할 엄두를 내지 못하게 된다. 상황이 사물들의 운행과정 자체에 의해 점진적으로 변화된 것이다.

무슨 이유로 계약서의 서명은, 비록 그것이 극히 의례적으로 조직된 것일지라도, 계약자들 간의 힘의 관계를 어느 순간에 고정시킬 수 있었거나 그랬어야만 하는가? 어떤 점에서 그런 순간이 계획 실현의 모든 양상을 결정적으로 고정시킴으로써, 이후에는 '적용'할 일만 남도록 사건을 이루는 데 충분할 수 있는 것일까? 심지어 계약서의 서명 이후 중국 계약자들에게 발생한 불리한 일은 나중에 점차적으로 뒤집어져서 그들에게 유리하게 변화되어 나타날 수 있다. 그래서 그들의 계약 상대자들은 결국 자신들의 '권리'를 박탈당한 상태에 처할 정도가 된다. 그런데 이런 변화는 지엽적인 것이 아니라 방법론적으로, 더 정확히는 (상황의) 여건 조성에 맞춰 전략적으로 활용된다. 이같은 전환은 상황 자체로부터 파생되고 외부의 상대자들이 모르는 사이에 이루어지는 만큼 더욱 압도적이다. 결국 외부 상대자들에게 전환이 발견되고 더욱이 명백해질 때는 대처하기에 이미 너무 늦었음은 물론이다. 상대자들에게 그것은 음모처럼 꾸며진 것 같고 원격조종된 것처럼 나타난다. 나아가 그들은 실제로는 이미 작동 중인 상황 잠재력의 지속적이고 철저한 활용에 불과했던 것을 심리적 차원에서 (악마적인 것으로) 보게 된다.

    많은 외국 기업들은 최소한 초기에는 중국 파트너들의 악의에 대해 반드시 분개하게 마련이다. 내 생각으로는 이런 점도 역시 자신의 선입견에 의문을 제시할 줄 모르는 편향적 시각이다. 상황 잠재력의 축적은 인간관계의 확립에서도 적극적인 방식으로 작용하기 때문이다. 믿음〔信〕에 근거하는 '우정'의 경우가 그러한데, 나는 '신'(信)을 '진정성'(생각하는 것을 말하기)보다는 '신의'(信義, 말한 것을 지키기)로 번역하겠다. 당연히 우정은 명령에 따르는 것이 아니다. 신뢰는 전개과정에 따라 시간을 두고 점진적으로 쌓이는 것이기 때문이다. 이 점에서도 운행이 필요하다. 신의는 '지속성'(도道 또는 '길'의 지속성)에 조응하는 것이다. 이는 사업에도 적용된다. 오늘날에도 중국에서 파트너들 간에 '오랜 친구'〔老朋友〕라고 말할 때, 이 표현의 정중함 아래 이해할 수 있는 것은 미처 자각하지 못한 채 시간의 흐름에 따라 어느새 늘어나 견고해져서 이젠 되돌릴 수도 없을 정도가 된 재산 수익이다. 두 사람은 충분한 만남을 통해 관계를 맺어왔기 때문에, 굳이 명시적으로 말하지 않아도 이같은 과정의 축적만으로 서로 절대적으로 의지하고 신뢰할 수 있다.

오직 축적된 과정만이 필요하지만 이런 과정이야말로 전적으로 믿을 수 있는 기초이며 결국 유일한 실질적 보증이다. 따라서 서로 결합하기 위해 (도가에서 말하듯이) 계약이라는 '아교'로 붙일 필요가 없다.

진보와 운행

요약하자면 효율성은 항상 과정의 결과라는 것이 중국적 교훈이다. 효율성에는 전개과정이 필요하다. 이 점에서 방금 내가 **지속성**으로 번역한 **도**(道) 또는 '길'이라는 중국의 위대한 개념이 다시 나타난다. '도'의 테마가 다양한 문화를 거치면서 어쩔 수 없이 공통점을 갖는 것처럼 보인다고 해도 이에 대해 오류를 범해서는 안 된다. 중국적 도는 종교의 길처럼 '어딘가로 이끄는' 방법이나, 『파르메니데스』의 앞부분에서처럼 진리로 인도하는 철학의 방법이 아니다. 기독교적 맥락에서 길은 성부(구원, 영생)로 인도하는 것이다. 길에 대한 유럽적 상상은 종착점의 관념, 즉 항상 목적(telos)의 관념과 결부되어 있다. 반면 중국적 도는 **어딘가로 이끄는** 길이 아니라, 그것을 통해 **일이 이루어지는** 길, 그것을 통해 일이 가능한 길, 그것을 통해 '지속 가능한' 길이다. 중국적 도는 조정의 길이고 전개과정이 이탈되지 않으므로 이 과정을 끊임없이 갱신되게 하는 조화의 길이다. 중국에서 하늘이라는 용어로 칭송되는 것이 바로 도이다. 최상의 개념으로서 '하늘'은 낮과 밤, 열기와 냉기, 계절의 교차를 조정함으로써 세계가 절대 고갈되지 않고 끊임없이 쇄신되도록 하는 흐름이다. 결코 종착점에 대한 관념은 없다. **운행**이 있을 뿐 **진보**는 없다.

이와 반대로 근대 시기의 진보 관념은 유럽 사유 발전의 축이었음을 우리는 알고 있다. 게다가 유럽이 선교를 위해서가 아니라, 감히 말하자면 대포를 가지고, 즉 자연에 적용된 과학의 모든 힘과 함께 두번째로 중국에 도착했을 때는 아편전쟁 시기인 19세기 중반부터였는데(이때부터 중국의 강제 개항, '불평등조약', 이권협정, 중국의 분할이 뒤따랐다), 이때 중국은 (실증주의와 과학에 힘입어) 절정에 이른 진보의 관념을 유럽에서 보았다. 중국의 눈에 유럽의 힘이 도약한 것은 진보의 관념 덕분이었고, 중국은 자신들이 진보의 관념을 발전시키지 않았다는 점을 자각한다. 그래서 중국은 (진화론, 그리고 나중에는 마르크스주의에 동조하면서) 진보의 관념을 차용하게 된다. 진보는 목적성과 결부된 반면, 운행을 통해 생각해야 하는 것은 운행 자체의 쇄신 능력과 운행에 따른 결실뿐이다. 중국에서 하늘[天]은 그 충만한 결실에 이른 세계의 운행이다(여기에는 자연의 운행과 역사의 운행이 포함된다. 황제는 '하늘의 아들'[天子]이다). 현자가 개인적으로 합류하는 것도 바로 이런 하늘이다. 현자가 하늘에 합류하는 방식은 적극적 행동주의에 의해 자신의 지속력을 고갈시키기보다는 끊임없이 지속력이 쇄신되고 또 온전히 가동되도록 하는 데 있다.

기회를 어떻게 생각할 것인가?

나는 모델화와 그 적용, 수단-목적의 관계와 행동의 영웅주의를 유럽 쪽에 넣었다. 이제 이 노정에서 내가 마주칠 수밖에 없는 용어가 하나 남았는데, 이 용어를 통해 그리스적 구상은 상황의 사유에서 탈피했다가 그것을 다시 발견하게 된다. 그 용어는 '기회'(kairos)다. 이는 경영 분야에서 기회이론 (kairologie)이라고 말하는 것과 같은 기회를 의미한다. '기회'란 무엇인가? 사람들은 기회가 행동에 착수하기에 적합한 순간이라고 말한다. 또는 아리스토텔레스는 시간의 범주에 따르면 기회는 선이라고 말한다. 기회는 '아직'과 '이미 지난 것' 사이의 최소한의 순간인 동시에 최적의 순간으로서, 행동하는 인간이 성공을 위해 의거하는 것이다. 따라서 기회를 통해 행동의 영웅주의는 사물들의 흐름에 합류하고 그 속에 수용되고 통합되고자 시도한다. 기회는 사물들의 흐름에 나타난 미세한 틈으로서 내 행동은 사물들의 흐름에 접속하기 위해 그 틈에 삽입된다. 또는 기회는 전개과정의 불투명성 한가운데서 느닷없이 열리고 갑작스럽게 나의 개입에 유리한 '틈새'로서 기여하는 좁은 '창문'이다. 이런 미세한 틈과 좁은 창문을 통해 행동 주체는 세계와 다시 **발맞추어간다.**

주지하듯이 그리스 사유는 철학의 비약적 발전 이전에 이미 기회에 대한 이 중대한 주제를 발전시켰다. 격언시인들, 핀다로스(그리스의 서정시인—옮긴이), 비극작가들은 기회 (kairos)가 세계의 지배자라고 말한다. 최종적으로 성공이나 실패가 좌우되는 것은 기회에 의해서다. 기원전 5세기에 철학이 비약적으로 발전할 때 그리스 사상가들이 기회를 자기화하고 인간의 통제, 즉 **기술**을 통해 지배하기 위해서 기회에 대한 합리성을 산출하려 했음을 우리는 볼 수 있다. 예를 들어 수사학에서 고르기아스에 따르면, 대중에게 말할 때는 대중이 집중하는지 열광해 있는지 또는 적대적이거나 분노해 있는지 등을 살펴서 그에 따라 좋은 순간을 헤아려야 한다. 수사학의 기술과 비유들은 시의적절하지 않을 경우 무용하다. 다른 분야인 의학도 마찬가지다. 히포크라테스는 카이로스를 생각한다. 치료책을 처방하려면 모든 것은 병의 진행과정 정도와 환자의 상태에 달려 있다. 그 자체로 좋은 치료책은 없고 단지 기회에 따른 치료책만 있을 뿐이다.

내가 보기에 고전 시대의 그리스 사유가 기회에 대한 기술적 지배를 구상하려고 카이로스를 합리적으로 설명하고자 했다는 점은 중요하다. 마찬가지로 이런 시도가 특히 아리스토텔레스적인 맥락에서 일정 부분 실패한다는 점도 내가 보기에는 의미가 있다. 기회는 그 피할 수 없는 우연성 때문에 현세에서는 지배에 대해 저항적이다. 기회는 기술(techné)에서 운(tuché)으로 회귀한다. 최종 단계에서 기회는 우연과 운에 속하는 것이다. 이런 결과로서 그리스 세계에는 친숙한 형상이 생겨나는데, 그것은 발에 날개가 달린 작은 신(神)이다. 이 작은 신은 매우 빠르게 움직이며 손에는 기회의 끈처럼 예리한 칼을 쥐고 있다. 또한 머리 앞부분의 머리카락 끝이 올라가 있고 머리의 나머지 부분은 머리털이 없이 매끈하다. 사람들은 말하기를, "머리카락으로 기회를 잡는다"라고 한다. 왜냐하면 그 뒤로는 아무것도 없기 때문이다. 즉 미끄러져버린다. 기회는 일시적이고 다시 돌아오지 않는 것이다. 성공이 달려 있는 '정체불명의 이것' 또는 '거의 아무것도 아닌 것'이 우리의 삶을 밀도 있게 만드는 동시에 위험하고 드라마틱하게 만든다. 유럽의 효율성 사유는 주체와 기회 사이의 위험하고 모험적인 맞대면을 피해가지 못한다.

　　이 점에 대한 증인으로서 나는 『전술론』의 저자로서가 아니라 정치행위의 성공 조건을 성찰한 사상가로서 마키아벨리를 들겠다. 군주의 행동의 성공은 **비르투**(virtu)와 **포르투나**(fortuna) 사이에서 결정된다. 비르투는 덕이 아니라, 자신의 운을 걸고 위험을 무릅쓰는 능력이다. 포르투나는 그야말로 운명의 수레바퀴이며 우리가 대범하게 맞서야 하는 운이다. 비르투를 통해 포르투나에 맞설 줄 아는 자는 영웅으로 성장한다. 체

사례 보르자(르네상스 시대 이탈리아의 군주―옮긴이)가 그러했다. 또는 그리 교황답지 못하지만 이탈리아 군주이자 교황인 율리우스 2세도 그러했는데 그는 언젠가 다음과 같이 말했다. "이 적은 나보다 강하다. 내가 그를 만날 때 무슨 일이 벌어질까? 내가 교황이기 때문에 그는 무릎을 꿇을까? 아니면 (내가 군주이기 때문에) 나를 죽일까?" 결국 율리우스 2세는 위험을 무릅썼고 적은 복종했다. 자신의 운을 시험하면서 그는 승리한 것이다. 마키아벨리가 젊음에 우선가치를 둔 것은, 그의 말을 전하자면, 젊은이들이 "더 대범하기 때문이다." "여성을 거칠게 다루듯이" 공격적으로 운에 맞서야 한다.

그러면 중국 쪽에서는 어떠한가? 기회의 사유가 발견되는가? 과일이 익어 떨어질 준비가 되었을 때 최종적 순간이 있다는 점에서 기회의 사유가 발견되는 것은 사실이다. 익은 과일을 따지 않으면 과일을 잃는다. 잠재력이 점진적으로 축적되어 결국 유리한 상황이 정점에 이르렀을 때는 절대로 늦어서는 안 된다. 이때 늦는 것은 재앙이 될 것이다. 전략가들이 선호하는 이미지처럼 독수리가 허공을 여러 차례 돌고 난 후 먹잇감이 가장 취약한 모습을 드러낼 때 잽싸게 습격하는 것도 마찬가지다. 독수리는 먹잇감이 저항할 틈도 주지 않은 채 단번에 해치운다. 그러나 이 순간은 결론을 내리는 순간이며 진행 과정의 종결점을 찍는 것이다.

또한 보다시피 흥미로운 것은 중국 사유가 기회의 사

유를 상류로 가져다놓으면서 이동시킨다는 점이다. 즉 기회의 사유는 두 단계로 전개된다. 우선, 거두지 않으면 잃게 될 과일을 따기 위해 손을 내밀기만 하면 되는 최종 단계가 있는데, 중국 사유는 이 단계로부터 시작 단계로 주의를 돌린다. 시작 단계는 전략가가 그 성숙을 따라가는 유리한 성향, 즉 기회의 출발점이 되는 유리한 성향이 궤도에 오르는 단계다. 여기서 나는 중국 개념 '기'(幾)('기회'에서 기機가 사용되지만 '기'幾와 일맥상통한다—옮긴이)를 '기미가 보이다'로 번역한다. 그 이유는 '기'에 너무 이론적인 의미를 부여하지 않기 위해서고, ('전환에 착수하다'라고 말할 때처럼) 과정이 개시되는 작동의 성격을 유지하기 위해서다. 어떤 요인이 이미 은미하게 작동 중이지만 아직 보이지 않는다. 그러나 이후 모든 일의 전개과정은 이 요인에서 비롯된다. 발아와 결부된 중국의 식물적 사유로 되돌아가자면, 어떤 요인이 은미하게 작동 중인 이 단계는 2월('봄의 축제'를 생각하라) ('봄의 축제'는 프랑스 파리에서 매년 열리는 중국 축제—옮긴이)이 될 것이다. 2월은 수액이 이미 뿌리에 있지만 아직 가지에 도달하지는 못하고 싹도 나오지 않을 때다. 그럼에도 불구하고 (발아의) 과정은 이미 착수되어 있고 비약적 성장도 진행될 것이다. 미래를 예고하는 주도 요인이 겨우 궤도에 오르기 시작하되 아직 지각되지 않는 이때가 결정적 단계다. 이런 단계야말로 진정한 전략적 단계다. 바로 이 단계를 포착하고 **탐지**해낼 줄 알아야 한다. 그후에 이런 유리한 조건을 온전하게 전개시키고 그것이 정점에 이르렀을 때는 단번에 취해야 한다. 성급해서도 주저해서도 안 되며, 더욱이 흥분해서도 안 된다. 이미 살펴본 것처럼 전략가는 유리한 요인을 그 모든 전개과정 동안 계속 동반하면서 그것이 무르익도록 도우며 결국 차분하게 결실을 거둘 준비가 되어 있기 때문이다. 그래서 실제로 '기회'는 우발적이거나 나아가 뜻밖의 **마주침**의 차원이 아니다. 기회는 오랫동안 무르익고 준비된 **귀결**의 차원이다.

간극: 효율성 – 효능

이렇게 얻어진 결과는 훨씬 더 일찍 시작된, 그리고 전략가가 그 전개과정을 따라가면서 보조한 과정 전체의 종착점이기 때문에 승리는 '쉬운 것'이며 장군은 아무런 공적도 인정되지 않는다. 논의는 다시 원점으로 되돌아왔고 우리는 논리적 일관성을 확인할 수 있다. 동시에 내가 효율성이라는 용어를 계속 유지할 수 있기에는 '효율성'(efficacité)에 대한 유럽적 개념과의 간극을 너무 넓힌 것으로 여겨질 것이다. 이 용어는 아직도 같은 의미를 갖는가? 그래서 나는 처음에 내세운 개념과 어긋나는 개념을 제시하게 되었다. 이 개념은 중국 쪽과 관련하여 앞서 거론된 모든 특징들을 가장 잘 집약해주고 간극을 전체적으로 이해하도록 해주는 것으로서 차이에 정당성을 부여하는 개념이다. 지금까지 설명한 중국 전략과 관련하여 나는 이제 **효능**(efficience)을 말하고자 한다. 효능은 고요한 변화에 의거함으로써 사건이 부각되도록 하지 않고 전개과정을 통해 효과를 점진적으로 증대시켜가면서 작동하는 (간접적이고) 은미한 방식일 것이다. 이는 성대하게 영웅적으로 행동하는 것이라기보다는 효과를 **유도**하는 방식이다. 내가 보기에 이제 효율성은 너무 눈에 띄는 것이고 '효능'은 오직 생산성과 결부될 뿐이다.

효율적인 사람을 말할 때 우리는 그것이 유능한 사람에 대한 언급이라고 생각하지는 않는다. 진정한 전략가의 임무는 과정을 돕는 것인바, 효능은 과정 자체에 의해 생산된 효과로만 확인된다. 또한 효과를 발생시키고 전개하는 것은 과정 자체이기 때문에 진정한 전략가는 큰 노력을 필요로 하지도 않고 저항도 마주치지 않는다. 그러나 그는 '영광'을 요청할 수도 없고 성공을 뽐낼 수도 없다. 지금까지 내가 내세우기를 자제했던 철학 개념이 있는데, 이제 그것이 이같은 사유의 근저를 이룬다는 것(중국적 **도**(道)의 근저라는 것)을 알 수 있을 것이다. 그 개념은 내재성이다. 중국에서 전략가의 효능은 변화의 진행에 따라 쇄신되는 상황 속에서 작동 중인 내재성을 잡아내는 데 있다. 이것이 바로 '주변상황'을 흡수하여 적절한 기회를 나타내는 세(勢)다. 중국 전략가의 효능은 수맥을 탐사하는 사람처럼 주도 요인들을 탐지해냄으로써 효과가 **자연스럽게** 도래하는 원천에 의거하는 데 있다. 나는 행동할 필요도 없고 힘을 쏟지도 않은 채 이런 원천이 나를 **실어가도록** 놔둘 수 있다.

논박

여러분은 내가 자명성, 즉 효능-내재성의 자명성을 무한정하게 늘어놓는 것이 분명 지루하게 느껴질 것이다. 변화과정의 이행을 보조하는 것이 더 낫다는 것, 결실을 맺게 해주는 원천의 상황 또는 **근저**를 고려하는 것이 자연스럽다는 것, 혹은 싹을 잡아당기지 말고 김매는 법을 배우는 것이 낫다는 점 등을 끊임없이 반복하는 나를 보며 지겨워할 것이다. 이처럼 논리적 일관성을 직조해가는 것을 못 견디고 안절부절못하며 흥분할 것이다. 여러분은 가시적 결과나 위업의 고귀함과 함께 자발적 상실과 희생의 권리를 주장할 것이다. 이런 것들이야말로 욕망을 자극하고 향수에 젖어 꿈꾸게 해주리라는 것을 우리는 잘 알고 있기 때문이다. 비록 올해가 '중국의 해'(유럽에서는 매년 한 나라를 정해 '그 나라의 해'로 부른다—옮긴이)이긴 해도 내가 중국을 가지고 장사하는 것은 아니니 안심하기를 바란다. 다만 나는 중국 사유를 (도道, '길', 도의 형언 불가능성 등과 같이) 유럽 이성주의의 이면으로 나타내고 신비적이고 모호한 방식으로 취급하는 일을 멈출 때가 되었다고 본다. 이런 이면은 당연히 유럽의 뒤집어진 부분일 것이기 때문이다. 중국을 이처럼 이국취향으로 바라보는 것은 유럽 사유의 안락함에서 빠져나오게 해주지 못한다. 중국 사유는 유럽의 이론적 발산에 기여하거나 합리성에 대한 여러 유럽적 방식의 배출구 역할을 하는 것보다 훨씬 더 큰 문제의식을 제시해준다.

우리도 경험을 통해 알고 있지만 그다지 이론화하지 않고 덜 조명했던 점을 중국 사유는 효능 개념을 가공하면서 성찰했다는 사실을 확인할 수 있기 때문이다. 유럽 사유가 우선순위로서 조명하고 개척·활용한 것은 이론적 추상화, 과학의 가설적·연역적 특성, 이상(理想)과 절대진리의 위상 등이니 말이다. 나아가 유럽에서 철학이 마주치는 문제들에 대한 해답을 순진하게 중국에서 찾으려고 해서도 안 된다. 이와 반대로 우리 시대의 가능성은 (유럽과 중국 양쪽에 대한) 우리의 자문화중심주의를 탈피하고 인내심을 가지고 작업함으로써 양쪽 사상을 상호 개방시킬 수 있다는 점이다. 즉 유럽과 중국의 관점을 통한 이중의 통찰, 또는 파스칼의 말처럼 이중의 '명확성'을 유익하게 활용함으로써 인간에 대해 **자동적으로 성찰**할 수 있게 되는 것이다. 이제 우리는 이처럼 상이한 가지적(可知的) 체계들 사이를 경쾌하게 거닐고 그것들을 대화시킬 수 있다. 이 다양한 사유들은 동등하게 가지적('논리적')이기 때문이다. 이런 식의 대화를 조직하는 것이야말로 '지성'임이 분명하다.

나는 여러분의 의견을 듣기 전에 여러분의 비판을 예

상해보고자 한다. 또한 내 논점에 제한을 두고 동시에 내 논점이 야기할 수밖에 없는 첫번째 논박에 답하려고 한다. 그리고 역사에 나타난 관련 사례들을 제시하는 동시에 내 논점의 타당성에 한계를 두고자 한다. 중국이 사유하지 않은 것도 당연히 있기 때문이다. 우선 반드시 필요한 제한을 살펴보자. 지금까지 나는 중국 전략가들, 즉 전략에 관한 사상가들의 사유를 제시했지만, 그렇다고 해서 중국에서 전쟁이 실제로 그렇게 전개되었다고 주장한 것은 아니었다. (비록 『손자병법』 주석가들은 중국 역사에서 가져온 많은 사례들을 『손자병법』의 여러 곳에서 제시하긴 하지만) 전략가들의 사유는 이론적 가공이다.

  그러나 '이론적'이라고 말할 때 이는 사변에 틀어박힌다는 것은 아니다. 예를 들어 체스와의 차이를 보면 바둑은 **작동** 방식 자체에서 개념들의 간극을 예시해준다(서두에서 인용한 라이프니츠의 말을 기억하자. "심지어 놀이에서조차 우리와는 너무나도 달라……"). 바둑을 조금이라도 두어본 사람이라면 전투가 전면적 충돌에 의해 진행되는 것이 아니라, 공격이 멀리서 출발하고 비스듬히 진전되는바, (중국의 서예나 묵화에서 획처럼) 모호하고 유연하며 조종 가능한 역학관계의 한가운데에서 '인력'(引力)과 '척력'(斥力)에 의해 이루어진다는 점을 안다. 바둑에서 우선시되는 전략은 복잡한 선회와 윤곽 형성이다. 파괴해야 할 핵심 말도 없고 정복해야 할 민감한 구역도 없기 때문에 미리 결정된 목표가 부재한 가운데, 분산된 처음, 바둑돌들은 영향의

장(場)을 서서히 그려나간다. 이런 영향의 장이 조직되면서 내 영향력을 구현하는 세력권이 그려진다. 처음의 바둑돌들이 점차적으로 합쳐지면서 결국 그 세력권은 견고하고 지속 가능한 것이 된다. 또한 바둑에서 나는 적을 파괴하고자 하지 않고 ('장군 받아라!'를 외치며) 적을 제거하고자 하지도 않는다. 나는 적에 맞서 움직이는 만큼 그를 활용하면서 내 존재감을 더 크게 하는 가운데 그를 무찌를 따름이다.

　　이제 내게 제시될 수밖에 없을 논박에 대해 살펴보자. 만일 주도 요인이 발아 상태이거나 단지 기미(幾微)가 보이는 것이라고 할 때, 그런 주도 요인을 탐지해내고자 하나 그것조차 발견하지 못한다면 나는 무엇을 해야 하는가? 내가 의거할 아무것도 없고, 나를 실어갈 일말의 유리한 요인도 없다면 어떻게 해야 하는가? 요컨대 아무것도 하지 않으면 된다. 내가 무엇인가 할 경우 위험을 무릅쓰게 될 것은 물론이고 숙명적으로 파멸을 초래하게 된다. 그렇게 행동하는 것은 어쩌면 아름답고 비극적이며 영웅적일지 모르겠으나 그다지 효과는 없는 일이다. 형세를 평가했을 때, 결실을 맺을 수 있는 유리한 기미가 전혀 발견되지 않는다면 그대로 기다려야 한다. 알다시피 세상은 쇄신을 멈추지 않으며 내가 개입된 상황이 쇄신되는 가운데 내가 다시 의거할 수 있는 다른 형국이 반드시 진행될 것이기 때문이다. 물러서서 힘을 비축하고 안 좋은 상황이 지나갈 때까지 기다린다. 유럽의 『일리아드』와 같은 시대이자 중국에서 가장 오래된 문학 텍스트인 『시경』에 다음과 같은 말이 있다. "천하에 도가 있으면 나아가도 된다. 천하에 도가 없으면 물러나 있어야 한다." 중국에서 어떤 정치인이 물러나 초야에 은거한다거나 병이 들었다는 신문기사가 났을 때, 정말 그가 아프거나 휴가를 떠난 것일 수도 있으나, 대부분의 경우는 자신을 위한 주도 요인이 이제 아무것도 없다고 감지했기 때문에 그가 은거한 것임을 뜻한다. 밖에 물러서서 '상황이 지나가기'를 기다리는 것이다. 상황은 바뀔 것이고 모든 상황은 반드시 변화하게 되어 있는바, 상황의 변화와 함께 잠재력이 점차적으로 다시 자리잡기 시작할 것임을 그는 알고 있기 때문이다.

대장정(大長征)은 서사시인가?

나는 20세기까지도 대(大) 조타수이건 소(小) 조타수이건 간에(마오쩌둥과 덩샤오핑이 각각 이렇게 불렸다─옮긴이) 중국의 위대한 정치인들이 다르게 처신하지 않았다는 점을 쉽게 제시할 수 있다. 대장정의 예를 들어보자. 유럽에서 대장정은 영웅주의 방식으로 생각되었다. 중국조차도 대장정을 서사시로서 유럽에 선전했다. 그러나 대장정을 좀더 자세히 분석해보면 그렇지 않다는 것을 알게 될 것이다. 내가 이야기했던 19세기 말, 즉 중국이 과학에 힘입은 유럽 세력에게 정복당한 때의 중국 역사를 다시 살펴보자. 중국이 이미 몽골족과 만주족에게 정복당한 적이 있다는 점은 알려져 있다. 그러나 그것은 변방의 '야만인들'에 의해서였고 이들은 점차적으로 중국화되었다. 유럽의 침략은 완전히 다른 경우다. 중국이 어떤 문명에 의해 정복당한 것은 처음이었기 때문이다. 트라우마는 엄청난 것이었다. 완전한 무방비 상태가 된 중국은 '머나먼 서방'으로부터 중국을 위한 모델들을 차용해야 했다. 과학 용어, 역사의 진보 이론, 나아가 혁명의 모델까지도 차용해야 했다. 중국은 일본과 달리 근대화에 성공을 거두지 못했고 20세기 초에는 더욱 심한 무질서에 빠졌기 때문에 가장 급진적인 이들은 중국과 가장 근접한 사회정치적 조건을 가진 주변국에서 최고의 성공을 거둔 것으로 보인 모델을 차용한다. 바로 볼셰비즘이다. 중국공산당은 1921년 창립되었고 볼셰비키 모델을 문자 그대로 적용하게 된다. 볼셰비키 모델의 적용은 당연히 성공하지 못했고 성공할 수도 없었다. 볼셰비키 모델은 '소비에트적인' 노동자 프롤레타리아로부터 발달했고 중국은 농민국가였기 때문이다. 이는 숙명적으로 실패로 귀착되었다. 또는 『손자병법』의 말을 바꿔 사용하자면, 이런 실패 또한 "이탈하지 않는다." 중국 최초의 이 혁명운동은 앙드레 말로가 『인간의 조건』에서 그토록 탁월하게 묘사했듯이 상하이의 보일러 바닥에서 1927년 소멸된다.(주인공인 공산주의자 기요는 증기기관차 보일러에 던져지기 직전 자살한다—옮긴이)

중국 혁명은 갑작스럽게 중단되었다. 공산주의자들은 장제스의 민족주의자들에 의해 제거되었다. 그후에는 무슨 일이 일어났는가? 생존자들과 중국 전역에 흩어졌던 다른 공산주의자들은 징강산(井岡山) 벽촌에 다시 모였다. 그러나 이곳에 더이상 그들의 세(勢)는 없었다. 반면 장제스의 민족주의자들은 세의 정점에 있었다. 장제스는 중국의 통일을 다시 이루었다는 점을 과시할 수 있었고 계속 '민족주의적' 요인을 강력하게 활용할 수 있었으며 제국주의 세력과 아직은 드러내놓고 타협하지는 않는 등의 태도를 보였기 때문이다. 자기 힘의 정점에서 장제스는 징강산의 공산주의 기지를 근절하기 위해 포위작전을 실행한다. 1차, 2차, 3차, 4차, 5차 포위작전이 진행되고 1934년에 공산주의자들은 제거될 상황에 처한다. 이런 경우 무엇을 해야 하는가? 마지막 순간까지 가치를 걸고서 싸울 수도 있었을 것이다. 영웅적으로 싸우고 항복하지 않는 근위대처럼 말이다.

　　바로 이때 공산주의자들은 역사에 순응하는 방식으로 중국 서부로 크게 우회하는 대장정을 시작한다. 일상적 차원에서 볼 때 물론 이런 행군은 영웅적이다. 공산주의자들은 불가능에 가까운 거친 길을 통과했고 추격당했으며 민족주의자들은 그들보다 잘 무장되어 있었으니 말이다. 노정 중에 많은 사람이 죽었다. 그러나 이 작전의 논리적 귀결에 따르면, 그리고 비록 작전이 서둘러 진행되었다고 해도(이 때문에 마오쩌둥은 훗

날 비판당하지만), 대장정은 열악한 상황을 극복하고 결국 성공할 여정이었다. 마오쩌둥이 공산당 권좌에 오른 것이 바로 이때다.(1935년, 쭌이遵義에서.) 여기서 마오쩌둥은 소비에트 모델의 지나친 교조적 적용을 비판했고 순환과 우회를 통해 비스듬히 작용하고 긴 시간에 걸쳐 전개되는 간접적 전략 개념을 재도입했다. 이로써 마오쩌둥은 차츰 세를 되찾을 수 있었고, 1936년에 장제스의 민족주의자들을 압박하고(유명한 시안西安 사태) 다시 그와 연합하는 데 성공함으로써 결국 상황을 뒤집을 수 있었다. 1934년에는 민족주의자들에게 제거될 상황이었음에도 말이다. 이런 **전개과정** 덕분에 1934년과 1936년 사이에 발생한 일은 무엇인가? 적의 공세에서 살아남았고 기회를 기다리며 시간을 지연시키는 방식을 재도입한 마오쩌둥은 유리한 요인들이 다시 나타나도록 함으로써 주도권까지 다시 차지했다. (로마의 늙은 장군 쿤크타토르Cunctator의 '지연' 기술도 동일한 경험에 속하지만 그다지 고찰되지 않았다. 마키아벨리도 그의 『티투스 시대 초기의 10년에 관한 강론』에서 지연 기술을 감지한 바 있으나 그다지 이론화하지는 않았다.) 감히 말하자면 이때의 '주도' 요인은 일본의 침략이었다. 일본의 침략은 몇 년 전에 시작되었지만 1936년에(만주국 성립 후에) 중국에서 새로운 차원을 열었다. 일본의 침략은 마오쩌둥이 민족주의자들을 압박하여 그와 함께 '통일전선'(統一戰線)을 형성하도록 해주었던 것이다. 결국 마오쩌둥이 세를 자신 쪽으로 기울게 한 것은 대장정이었음을 우리는 확인할 수 있다.

(희생당하기보다는) 생존을 위해 여백을 찾다

적과 연합하는 것은 점차적으로 적으로부터 세가 빠져나가게 하고 그것을 자기 것으로 만들기 위함이다. 또한 1945년은 중국을 제외한 세계 모든 곳에서 전쟁이 종결되었으며 중국에서 세력을 갖추게 된 공산주의자들은 민족주의자들에게 등을 돌릴 수 있었다. 중국 북부에서 개시된 린뱌오(林彪)의 중요한 작전들로부터 시작하여 공산주의자들은 민족주의자들을 점차적으로 남부로 쫓아냈고, 결국 4년 후에 민족주의자들은 푸젠(福建) 연안까지 밀려났다. 민족주의자들은 어떻게 대처했는가? 그들 역시 원칙의 이름으로 마지막까지 싸울 수 있었고 스스로를 희생시킬 수도 있었다. 그러나 민족주의자들은 대만으로 이동했다. 역사에 순응하고 물러서서 생존을 위한 여백을 찾는 것은 이번에는 그들 차례였다. 민족주의자들이 정치적 전투에서 패배한 것은 분명했다. 그들 당(黨)의 이름에도 불구하고 민족주의자들이 미국인들과 타협한 것으로 보였기 때문에 민족주의적 요소는 더이상 그들을 받쳐주지 못했다. 게다가 마오쩌둥은 공산주의의 이름이 아닌, 민족주의와 '농민의 나라'라는 이름으로 성공을 확고히 했기 때문에 민족주의적 요인은 공산주의자들에게 유리한 방식으로 전환되었다. 그럼에도 불구하고 이런 상황은 다른 모든 상황들과 마찬가지로 쇄신되도록 예정되어 있고 새로운 도약의 출발점을 제공할 수 있었다. 새로운 도약은 우선은 매우 미미한 것으로서 아직은 씨앗에 불과하고 간신히 그 기미가 드러난 요인에 의거한 것이었다. 그것은 경제적 성격의 것이었다. 1949년 대만에서 이런 패(牌)는 간신히 감지될 정도였으나 일본의 점령과 함께 나타나기 시작했고 미국의 원조 혜택으로 힘을 받았다. 이로부터 민족주의자들에게는 정치적 차원에서는 패배했지만 경제적 차원에서는 출발점은 매우 미약할지라도 승부를 다시 겨룰 수 있으며 중국을 구매함으로써 다시 정복할 수 있다는 생각이 매우 일찍부터 나타났다. 이후 민족주의자들은 부분적으로나마 실제로 그렇게 했다.

덩샤오핑은 중국을 '변화' 시켰다

전략가는 좌절하지도 않고 자신을 희생시키지도 않는다. 전략가는 앞으로 다가올 상황의 쇄신에 의거하기 때문이다. 그는 이런 상황 쇄신 속에서 자체적으로 작동하면서 그를 회복시켜줄 요인들을 살핀다. 문화혁명 초기에 덩샤오핑은 결코 마오쩌둥에게 맞서지 않았고 그후에도 '4인방'이라고 불리는 이들과 맞서지 않았다. 다른 많은 사람들처럼 만약 그가 마오쩌둥과 4인방에게 맞섰다면 그는 부러졌을 것이다. 그러나 덩샤오핑은 해임, 좌천, 비판, 야유를 그대로 견뎠다. 그는 자아비판을 실행했다. 이 당시 중요한 것은 살아남는 것, 생존하는 것이었기 때문이다. 덩샤오핑은 '지속적 혁명'은 일시적으로 지속될 뿐이고 그를 무너뜨렸던 적대 요인도 역시 고갈되어가면서 진행될 것이라는 점, 또는 언제나 '혁명파'가 '전문가'를 능가할 수는 없다는 점, 간단히 말해 한 요인은 다른 요인으로 전환되며 배고픈 중국에서 경제는 반드시 자기 권리를 되찾을 것이라는 점을 알고 있었다. 그래서 덩샤오핑은 기다릴 줄 알았다. 더 정확히 말해서 그는 기다림의 상태로 자신을 유지할 줄 알았다. 결과적으로 두 차례에 걸친 그의 복권은 불가피한 것이었다. 상황이 실제적으로 덩샤오핑을 끌어들이고 있었기 때문이다. 앞서 한 번 복권되었던 덩샤오핑은 마오쩌둥이 죽었을 때 다시 비판받고 있었다. 그러나 덩샤오핑은 축적된 세(勢)에 힘입어 몇십 년 만에 큰 사건 없이 중국을 변화시킬 수 있었다. 그는 말 그대로 '행동'하지는 않았다. 더군다나 그가 위대한 인물로 등장했던 것도 아니다. 그는 '작은' 조타수였다.

지난 수십 년을 특징지었던 (베이징의 봄, 천안문 사태와 같은) 사건들은 비록 매우 잔인했고 심지어 추악했지만, 중국의 관점에서 오히려 그것들은 진행 중인 전개과정의 균형을 위협하는 이탈에 대한 대항 조치로서 제시되었다. '이완'과 '수축'을 통해, 그리고 '열기'와 '냉기'를 차례로 내뿜으면서 조정의 교대가 유지될 것이기 때문이었다. 나는 지금 중국 체제를 찬양하고 있는 것이 아니다. 덩샤오핑이 중국을 계급투쟁 체제에서 개인의 이익과 돈에 기초한 고도의 자본주의 사회로 이행시킴으로써 **변화**시킬 줄 알았다는 것은 엄연한 사실이다. 그렇다고 해서 균형을 잃거나 경제를 위협하는 단절을 겪은 것도 아니며 (탈마오주의의 완성이나 권력의 전복도 없었다) 더욱이 공산당의 국가구조를 (쇄신하지 않은 것은 아니지만) 그대로 유지하면서 중국을 변화시킬 줄 알았던 것이다. 이는 유일한 사례다(구소련의 제20차 당대회 같은 것도 없었고 반혁명도 없었다). 오늘날 세계가 중국의 힘 앞에 깜짝 놀라 깨어날 정도로 덩샤오핑은 점진적으로 중국의 (경제적·정치적·국제적) 세를 증대시킬 수 있었다. 우리는 변화가 일어나는 과정을 보지는 못하지만 그 결과를 확인하게 된다. 마찬가지로 우리는 파리에서 발전하는 중국의 디아스포라를 보지는 못하지만 그것은 해가 갈수록 증가한다. 사람들은 거리에 많은 물건을 팔지도 않는 중국 상점들만이 있다는 것을 어느 날 갑자기 자각하게 된다. 이 상점들은 장래를 위한 포석처럼 놓여 있다. 또한 프랑스에서 '봄의 축제'는 해마다 그 중요성이 점점 커지고 있다.

위대한 정치인은 어떤 사람인가?

효능에 대한 이런 예시는 오직 중국의 사례들에 한정되는가? 나는 특히 유럽에서 '위대한 정치인'으로 불리는 이도

형세를 활용할 줄 아는 사람이 아닌지 자문한다. 이와 관련한 개념은 그리 조명되지 않은 것이 사실이다. 게다가 중국과 유럽 양쪽에서 지배적이었던 이론적 편견은 명백히 다를 수 있다. 그럼에도 불구하고 형세 활용 경험의 공통적 부분이 없는 것은 아니다. 예를 들어 나는 드골 장군을 생각한다. 특히 드골의 런던 체류를 어떻게 해석해야 하는가? 1940년 6월 프랑스에 세(勢)가 없었다는 점은 분명하다. 의거할 아무런 동력도 없었다. '뇌파진동 소멸'이라고 말할 때처럼 '소멸'이었다. 드골 장군은 (비시 정권에) 복종하거나 체포당하기보다는 런던으로 망명한다. 런던은 드골의 대만이다. 프랑스에서는 특히 패배의 굴욕에 "아니오"라고 선언한 그 위대함만이 기억된다면("아니오"의 의미가 제대로 이해되지는 못했지만), 나는 드골의 런던 체류를 '중국식으로' 읽을 수 있다고 생각한다. 더 정확히는 이때 드골 장군이 "아니오"라고 호소하는 영웅주의를 당시의 형세에 대한 전략적 이해와 결합시킬 줄 알았기 때문에 그의 처신은 위대한 인물의 그것이었다고 나는 생각한다. 그는 자신을 희생시키지도 않았고 좌절하지도 않았다.

런던이라는 **여백**에서 드골은 우선 매우 미약하게나마 주도 요인들이 다시 가동되게 하고 방법론적으로 또 집요하게 세를 조금씩 키울 수 있었다. 결국 그는 축적된 모든 세에 실려 사람들이 자신을 인정하도록 할 필요도 없이 프랑스로 돌아올 수 있었다. (미국이 양보했어야 했기 때문에) 상황에 의해 드골의 세는 사실상 합법화되었기 때문이다. 나는 1953년에서 1958년 까지의 드골 장군의 '사막횡단'(드골이 회고록을 집필하면서 지방에 칩거하던 시기를 일컫는다—옮긴이)도 동일한 방식으로 읽어낼 것이다. 드골은 제4공화국의 정치적 불안정이 도저히 견딜 만한 것이 아니며 프랑스가 정당들의 체제로 교착상태에 빠진 것을 확인하고는 물러나기로 결정한다. 이는 (특히 『노자』에서 읽을 수 있는) 위대한 중국적 가르침이다. 효과도 적으면서 위험하고 소모적인 일을 벌이며 희생을 무릅쓰고 앞으로 나아가기보다는 스스로 물러서서 상황이 **나를 찾아오기**를 기다리는 것이 낫다(1953년 드골은 말했다. "재편성의 기회가 올 수 있다…… 방책을 준비해야 한다). 상황의 쇄신으로 이끄는 요인, 즉 '주도' 요인은 감히 말하자면 알제리 전쟁이었다. 점점 더 반복된 "드골 장군을 다시 불러야 한다"는 말을 기억하자. **다시 불려온** 드골 장군은 헌법을 바꿀 수 있을 정도로 최대치의 세와 함께 회귀할 수 있었다.

　　때때로 드골 장군이 콜롱베레되제글리즈(Colombey-les-deux-Eglises)의 작은 마을에 퇴거하여 고립된 채 늙어가는 자신을 보면서, 추방당한 덩샤오핑이 마오쩌둥의 죽음을 기다리며 느꼈을 것과 동일한 근심에 휩싸였음이 틀림없다고 나는 생각한다. 상황의 쇄신이 더디고 주도 요인들이 너무 늦게 나타나면 어떻게 하나? 너무 오랫동안 기다려야 한다면? 그 전에 죽는다면? 사실 세상의 세에 근거하여 행동할 줄 아는 위인은 그가 물러서 있는 동안 변화과정과 발맞추어 가지 못할까 우려할 수 있다. 자기 삶의 잠재력과 상황의 잠재력 사이의 동시성이 깨질 것을 우려할 수 있는 것이다. 그러나 인내의 결단이라는 대가를 치르고서, 즉 싹이 빨리 자라게 하려고 싹을 잡아당기지 않는 대가를 치른 후에 비로소 위인은 **흐름을 탈** 수 있다. 마찬가지로 상황이 그를 찾아오기를 기다릴 줄 알았기 때문에 드골 장군은 축적된 모든 세와 더불어 결국 업무에 복귀함으로써 평화의 시기에 헌법을 개정할 수 있었던 것이다. 통상적으로 헌법 개정은 전쟁이나 혁명이 필요할 일이다. 오늘날 프랑스 헌법을 또다시 바꾸고자 하는 이들이라면 드골이 누렸던 것과 같은 세가 그들에게 어느 정도로 결여되어 있는지 정확히 헤아려야 할 것이다.

드골 장군의 공적은 두 가지를 결합하는 데 있었을 것이다. 마오쩌둥 주석의 표현대로 말하자면 (전략적 '다리'와 영웅적 '다리'라는) 양다리를 걸친 데 있었을 것이다. 즉 주도 요인들에 의거할 뿐 아니라 자발적 참여를 이루어낸 데 있었을 것이다. 나는 중국에서 발전시킨 효능의 사유에서 중대한 한계를 발견하기 때문이다. 반면 나는 비록 모델화가 기대된 효율성의 관점 자체에서는 효과가 덜하더라도 모델화의 장점을 본다. 전략에서 효능의 사유는 적합하지만 정치에서는 맹점이 있다. 특히 프랑스의 정치 영역에서 제도뿐 아니라 선거 공약에서 모델화가 대단한 정도로 시행된다는 것은 잘 알려진 사실이다. 선거 공약도 단기 또는 중기에 걸쳐 투영된 모델화다. 그러나 모델화를 시행하는 것은 제안된 결과를 위해서가 아니다. 정당들이 공약을 작성할 때 그것이 공약을 그대로 적용하기 위해서가 아니라는 점을 사람들은 '잘 알고 있다.' 곧이어 '주변 상황들'이 발생할 것이기 때문이다. 모두가 이 점을 잘 알고 있다. 사람들은 그토록 어리석지 않다. 그렇다면 정치 영역에서 모델화는 무엇을 위해 쓰이는가? 모델화는 적용을 위해서가 아니라 협의를 위해서 쓰인다. 또는 민주주의를 하기 위해서 쓰인다고 나는 말하겠다. 선거 정책을 구상하는 것은 그것의 적용을 위해서라기보다는 그것에 대해 토론하고 입장을 취하며 반대할 수 있기 위해서다. 간단히 말해 정책은 논쟁을 조직하는 데 사용되는 것이다.

중국에서 잘 보이지 않는 것이 바로 이런 점이다. 『손자병법』을 읽을 때 중국 쪽의 약점이 이런 부분에서 드러난다. 『손자병법』에는 다음과 같이 언급되어 있다: 위대한 장수는 군대를 양떼처럼 다룬다. 그는 적군뿐 아니라 아군까지도 양떼처럼 다룬다. 주도 요인들을 탐지해낼 때나 이 요인들을 토대로 상황을 변화시킬 때나 전략가는 비밀을 유지한다: 위대한 조종자는 자신의 조종 속에 홀로 있다. 이에 따라 공적 토론과 자발적 참여의 모든 가능성은 소멸된다. 요컨대 나는 목적으로 설정된 이상적 형태의 개념이 있을 때만 협의가 존재한다고 생각한다. 비록 추후에는 '마찰'이 발생하더라도 말이다. 그리고 이런 점은 사업에도 해당된다. 아테네 민주주의의 아버지인 클레이스테네스는 (탈레스, 아낙시만드로스 같은) 이오니아의 사상가들에게 나타난 이론적 모델화의 영향과 수학의 영향하에서만 자신의 개혁을 생각했다. 모델화된 (심지어 수학화된) 이상의 규약 구성과 민주주의 사이에는 애초부터 본질적인 관계가 존재했던 것이다. 그런데 주지하다시피 중국에는 오늘날도 민주주의가 작동하지 못하고 있다.

　　그래서 나는, 어떤 점에서 중국이 세계를 바꾸고 있는지 모두가 앞다투어 정의내림으로써 앞으로 다가올 중국의 잠재력의 승리를 급기야 하나의 발견처럼 기념하고 있는 이 시기에 아직 의문을 제기하는 것이다. 향후 수십 년 동안에는 중국 역량의 상승이 확고하지 않다거나 중국이 세계무대에서 으뜸가는 자리를 차지하는 것이 보장되지 않는다고 말하는 것이 아니다. 이런저런 문제에서 통제되지 않는 일들이 있겠지만 그렇다고 해서 변할 것은 아무것도 없을 것이다. 다만 2등일 때 1등에게 실려가는 것은 쉬운 일이기 때문에, 스스로 주도해야 할 때 그리고 횃불을 들 수밖에 없는 차례가 될 때는 사정이 비극적으로 달라진다. 오늘날의 미국이 그 증거다. 현재 중국은 즐거운 시간을 보내고 있다. 중국의 성장은 '쉽다.' 그러나 사상의 교역이기도 한 국제교역에 문을 열면서 중국은 언제까지나 합목적성의 사유 바깥에 머물 수는 없다. 언젠가는 '이익'(생산성)만으로 충분하지 않을 것이다. 중국은 부정성(否定性)을 오늘날 그렇게 하듯이 언제까지나 그토록 쉽게 제거하지는 못할 것이다. (아직도 공산당이 섬기고 있는) 적당한 마오쩌둥주의 전통에 따라서 부정성을 관리하고 그것을 가지고 놀듯이 다루겠다고 하면서 말이다.

비즈니스 환경변화의 가속화와 금융계의 급박함은 전개과정의 긴 시간과 기다림에 적응할 수 없다는 설명을 나는 자주 들었다. 이 또한 착각이 아닐까? 전개과정을 사건으로서 밀도 있게 경험할 때 우리는 그 숙성과정을 추적할 줄 안다면 지극히 멀리서부터 비롯됨을 볼 수 있는 일을 긴급한 것으로 자주 간주하지 않는가? 반면 중국은 '의미의 문제들'에서 무사할 수 없으리라고 나는 생각한다. 살육을 즐기는 신화의 신들처럼 의미의 문제들이 열린 틈새를 노골적으로 드러내고 당연히 받을 것을 요구한다면 틀림없이 중국을 뒤흔들 것이며 중국의 배를 갈라놓을지도 모른다.

바로 이때 유럽은 생산량에서 뒤처져 있다고 해도 자신의 중요성을 되찾을 수 있을 것이다. 적어도 유럽이 자기 국가들을 해체하는 데 만족하지 않고 유럽 스스로를 창출해낼 줄 안다면 말이다. 경계를 허무는 일이나 자랑스러워하면서 평범하고 진부하며 해로운 합의에 몰두하는 대신에 유럽이 (위장되지 않은) 분리와 불화와 부정성의 작업을 거쳐 풍요롭고 창조적인 새로운 길을 아직 찾을 줄 안다면 말이다. 유럽은 자신의 해석학적 열정을 비롯하여 오랜 종말론적 전통을 바탕으로, 그리고 시대의 경과마다 종교와 철학 사이에 직조된 갈등 관계를 거쳐 의미의 문제들에 대한 일정한 경험 또는 요컨대 지혜를 습득했다. 이 점에서도 의미에 대한, 더 정확히는 무의미, 부조리, 상실에 대한 '관리'의 기술이 있는 것이다.

'지혜'라는 용어는 철학의 이편에서 자기를 찾고자 하는 사유, 또는 철학을 넘어서는 사유를 그려내기 위해 오늘날에도 부득이한 수단으로 사용된다고 할 때, 어쩌면 지혜는 놀랍게도 '동양'이 아닌 유럽 쪽에서 재발견될 수 있을지 모른다.

사유의 분란

"박식한 작가는 가능한 한 가장 적은 지면에 가장 많은 내용을 담는다." 번역원고를 출판사에 넘기면서 떠오른 라이프니츠의 말이다. 이 작은 책에서 저자는 동서양의 만남과 그 여파, 동서양 전략 각각의 철학적 특징 및 양자의 관계, 전략 개념에 근거한 세계 근현대사의 의미를 엄격하고 명확하게 전개하기 때문이다.

이 책은 프랑수아 줄리앙이 경영자들에게 행한 강연을 엮은 것으로, 원제는 『효율성에 관한 강연』(*Conférence sur l'efficacité*)이다. 저자가 '효율성'을 '전략'과 유사한 용어로 명시하면서 고대 그리스부터 현대 중국에 이르는 내용을 비교·고찰하고 있기 때문에 『전략: 고대 그리스에서 현대 중국까지』라는 제목을 붙였다. 이 책은 강연의 형태를 띠고 있으나 실질적으로는 온전히 집필된 저작이다. 경영자들을 대상으로 한 인문학 강연이라서 상대적으로 쉽고 간결한 책이지만, 해당 주제에 대한 해박한 지식과 확고한 통찰력에서 뿜어져 나오는 논의는 독자를 깊은 사색으로 이끄는 두터운 의미를 담고 있다. 실제로 이 책은 전략과 효율성에 관한 전문저작들인『효율성 논고』, 『사물의 성향』, 『맹자와 계몽철학자의 대화』에 대한 대중적 해설 또는 개관이라고 할 수 있다. 따라서 줄리앙이 이 책에서 제시하는 모든 논점은 여타 전문저작들의 탄탄한 지원하에 구성된 것이며, 동시에 이 저작들을 다시 참조하게 하는 특성이 있다. 먼저 저자인 프랑수아 줄리앙을 소개하고 그의 전략론을 살펴보겠다.

1. 프랑수아 줄리앙(1951~)

프랑수아 줄리앙은 현존하는 프랑스 철학자로서 파리7대학 교수다. 프랑스 파리국제철학대학원 원장, 프랑스 중국학협회 회장, 파리7대학 현대사상연구소 소장 등을 역임했고 현재도 왕성한 저술활동을 이어가고 있다. 줄리앙은 항상 중국과 서양을 비교하는 논의를 펼치기 때문에 프랑스에서조차 중국학 연구가로 일컬어질 때가 많지만, 사실 그는 '중국학 연구가'라는 말을 달가워하지 않는다. 그는 철학을 새롭게 하기 위한 도구로서 중국을 소재로 삼기 때문에 자신의 작업은 철학적이라는 점을 강조한다.

줄리앙은 프랑스 수재들의 집결지인 고등사범대학에 입학하여 그리스 철학을 열정적으로 공부했다. 그러나 한 분야를 전문적으로 탐구하는 것은 결국 남들이 해놓은 작업의 반복이라는 생각을 떨쳐버리지 못했다. 젊은 나이에 특정 분야의 '탁월한 전문가'가 되는 것은 편협한 삶을 사는 것이라고 생각했다. 고등사범대학 시절부터 줄리앙의 문제의식은 유럽 사유의 뿌리인 그리스로부터 탈출하는 데 있었다. 유럽인들은 그리스 방식으로 사유하는 틀을 벗어나지 못했기 때문이다. 항상 '다르게' 사유하고 새로운 형태의 진리를 찾겠다는 서양철학의 야심에도 불구하고, 줄리앙이 보기에 서양철학은 줄곧 습관적 질문과 성찰 속에 잠들어 있었다. 어떻게 하면 지루한 지식의 반복을 떨쳐버리고 사유의 새로운 가능성을 열어젖힐 수 있는가? 철학적 사유가 사유하지 않은 것은 없는가? 이런 문제가 젊은 줄리앙을 짓눌렀다고 한다.

20대 초반의 줄리앙은 완전히 새로운 가능성을 찾기 위해 1975년 중국으로 향한다. 베이징과 상하이에서 연구하고 프랑스로 돌아와 1978년 중국의 문학가 루쉰 연구로 고등사범대학에서 박사학위를 받는다. 이후 30년이 넘는 동안 줄리앙은 40여 권의 철학 저작을 내놓았다. 그의 저작들은 한결같이 서양철학과 중국철학을 비교하고 대화시키는 작업이다. 국내에서도 줄리앙의 작업은 관심을 받기 시작했고 점차 그의 저작들이 번역되는 추세에 있다.

그의 많은 저작이 20여개 나라에서 번역되고 있듯이, 프랑수아 줄리앙은 현대철학과 동서 비교철학의 일류 이론가로 공인되고 있다. 줄리앙은 들뢰즈, 푸코, 데리다 등 현대 프랑스 철학의 거장들에 이어서 서양(이성)중심주의에서 벗어나려는 흐름에 있다. 그는 몰락해가는 철학의 새로운 가능성을 중국철학과의 맞대면에서 찾는다. 역사, 언어, 개념 등 모든 면에서 중국 사유는 서양과 아무 관련 없이 정립되었기 때문에 중국은 서양철학의 편견을 읽어낼 수 있는 거의 유일한 도구다. 서양의 대다수 이론가들이 동양사상을 제대로 읽지 못하고 많은 동양철학자들이 서양사상을 정확히 다루지 못하기 때문에 줄리앙의 관점은 아직 엄밀한 연구 대상이 되지 못하고 있다. 앞으로 그의 철학은 동서양 양쪽의 이론가들에게 무궁무진한 영감을 제공할 것이다.

2. 왜 중국인가?

철학을 새롭게 하기 위해 중국을 선택한 이유는 대략 세 가지다. 첫째, 중국은 서양철학의 뼈대를 이루는 인도유럽어의 전통에서 빠져나오게 해준다. 둘째, 중국은 역사적으로 서양과 단절되었던 문명이다. 셋째, 중국 사유는 오래전부터 텍스트를 통해 명백히 표현되었다. 이런 관점에서 인도, 그리고 아리스토텔레스를 유럽에 전해준 아랍이 아닌 중국만이 서양철학을 새롭게 읽기 위한 **바깥**이다. 줄리앙이 한국과 일본을 언급하지 않는 것은 아니지만, 한국과 일본 모두 중국 사유의 영향권에 있기 때문에 배제하거나 보류했다고 밝힌다. "일본 사유는 중국 사유의 방향에서 전개되었으며 중국 사유는 일본 사유에 한문, 불교, 유교 등을 전파했기 때문이다."(『바깥─중국─으로부터 사유하기』, 40쪽) 또한 그는 한국을 중국 사유의 '보관소'로 간주한다. "중국에서는 사라진 많은 것이 한국에서 보존되었기 때문에 한국은 중국의 **보관소** 구실을 했다고 통상적으로 말해지며 이는 틀린 말이 아니다."(153쪽) 결국 유럽과 중국은 각기 고유한 학문적 체계와 전통을 갖추고 있으면서도 서로 영향 관계에 있지 않은 두 바깥이다.

중국은 동아시아 문명권의 맹주로서 동일권내 전통에서 중추적 역할을 맡아왔다. 한국이나 일본 등 여타 동아시아 국가들의 문화적 독창성을 부정할 수는 없으나, 중국이 동아시아 전통에 미친 학문적·제도적·문화적 영향력의 중요성은 논란의 여지가 없는 사실이다. 제국주의 앞에 무릎을 꿇었던 중국은 현대에 와서 다시 세계의 중심으로 부상하고 있다. 중국은 1980년대부터 가속화된 개혁개방 정책 이후 세계의 생산기지가 되면서 세계경제의 열쇠를 쥐고 있다. 미국을 위시한 서방 국가들의 영향력이 막대한 가운데 중국의 정확한 위상을 속단하기는 이르지만, 현대 세계정세의 향방을 가늠하기 위해 중국이 필수불가결한 축으로서 고찰되어야 한다는 사실도 의심의 여지가 없다. 줄리앙은 단지 철학적 차원에서만 중국이 중요한 것이 아니라는 점을 강조한다. 그는 현대세계에서 중국의 현실적 위상을 고려할 때, 중국 사유를 살피지 않고 서양 사유에 함몰되어 있는 것은 지식인의 임무를 방기하는 것이라고 지적한다.

우리 한국은 어떠한가? 우리는 중국을 잘 알고 있는가? 제국주의 시대 이래로 우리는 서구문화의 이해에 편향되어 있지는 않았는가? 중국과의 경제관계에 걸맞은 수준으로 중국은 이해되고 있는가? 우리와 중국의 경제관계를 잠깐만 살펴보아도 중국의 중요성은 자명한 사실로 드러난다. 엄밀히 말해 중국은 근대사회 이전 못지않은 영향력을 우리에게 발휘하고 있다. 한국이 막대한 경제적 이익은 중국에서 취하면서 미국과 더 친밀한 것 같다고 말하는 중국인들의 조심스러운 푸념을 결코 가볍게 넘겨서는 안 될 것이다. 복잡한 경제 수치는 차치하고, 2000년에 발생한 이른바 '마늘 파동'만 상기해보아도 중국의 영향력은 극명하게 드러난다. 중국산 마늘 수입으로 인한 국내 마늘 가격 폭락과 여론악화를 우려하여 한국 정부가 긴급 관세를 부과하자 중국은 한국 휴대폰 수입을 중단시켰다. 한국 정부가 곧바로 백기를 들면서 사태는 순식간에 마무리되었다. 한국 정부는 중국산 마늘을 수입하여 폐기처분까지 하면서 중국의 입장을 수용해야 했다.

진부한 확인일 수 있겠지만, 중국과 오랜 역사와 문화

를 공유해온 우리에게 중국은 경제적 차원뿐 아니라 우리의 정체성과 관련해서도 필수불가결한 대상이다. 제국주의와 함께 서구적 근대성을 수용하기 시작한 지 2세기가 되어가는 지금, 우리는 삶의 기준을 서양에 두고 있지 않다고 자신할 수 있는가? 서구적 근대성을 기반으로 경제, 정치, 제도, 교육, 종교, (의식주 영역까지 포함한) 문화 등 거의 전 분야가 대대적으로 서구화되어왔다. 산업자본주의를 넘어 금융자본주의의 시대가 되면서 '세계화'라는 이름 아래 서구화 작업은 아직도 진행 중이다. 서구의 근대성의 방향과 평가, 그리고 대응 방법은 우리에게 끊임없는 숙제로 남게 될 것이다. 프랑수아 줄리앙의 관점은 서구적 환경에서 긴 시간을 보내온 우리에게 일상에서부터 인문학의 방향에 이르기까지 예리한 문제의식을 제공해주고 있으며, 나아가 우리를 포함한 동아시아의 미래와 직결된 중국의 상황을 근본적으로 성찰하게 해준다.

3. 서구적 전략의 배경: 모델화

전략이란 무엇인가? 전략은 국가들 간의 전쟁에만 적용되는 것이 아니다. 가장 구체적인 일상부터 국제정세에 이르기까지 우리는 효율성의 추구에서 벗어날 수 없다. 모두가 행복하기를 원한다. 모두가 이기적이라는 뜻은 아니다. 타인을 기쁘게 하는 행동에서 행복을 발견하는 사람도 있다. 아프리카

오지에서 의술을 실천하고 아이들을 위해 헌신하는 성직자들도 있다. 그러나 그들도 희생적 실천을 하면서 기쁨을 찾을 것이고 타인들을 돕기 위한 가장 효율적인 방법을 추구할 것이다. 타인을 제대로 도우려면 얼마나 고심해야 하는가? 적합한 선물을 고르려면 타인에 대해 얼마나 깊은 생각이 필요한가? 가족, 친구, 동료들과 좋은 관계를 유지하려면 얼마나 많은 숨은 노력이 필요한가? 만족스러운 하루를 보내고 타인과 좋은 관계를 유지하는 것도 포괄적 의미에서 이익이다. 경영, 외교, 정치 등의 영역이 전략과 효율성을 필요로 한다는 점은 더 말할 필요도 없다. 이런 의미에서 이익을 추구하는 모든 시도를 전략 또는 효율성이라고 부를 수 있겠다. 전략은 돈, 사랑, 도덕, 학문, 전쟁, 정치, 국가운영 등 모든 영역에서 통용될 수 있고 각 영역마다 수준의 차이만 있을 것이다.

그런데 서구 문명을 수용하고 서구적으로 우리 삶의 환경을 조성하면서 우리는 일상에서부터 국가운영에 이르기까지 서구적 전략을 체화하고 있는 것은 아닐까? 더이상 문화적 정체성 따위는 문제되지 않는 시대에 우리는 살고 있는가? 또는 서구인들이 자신들의 습성을 문제삼지 않고 있듯이 혹시 우리는 서구적 문화가 서구적인 것인지 자각하지도 못한 채 살아가는 것은 아닐까? 전략에 관한 줄리앙의 논의에서 우리는 문화적 편견 또는 **습벽**(習癖, pli)에 대한 근본적인 질문을 던지게 된다.

가장 일상적인 차원에서 우리가 초등학교 때부터 유지해온 습관을 생각해보자. 어릴 때부터 우리는 계획을 세우도록 교육받아왔다. 기상시간부터 시작하여 취침시간까지 촘촘하게 하루 일과를 구상해서 동그란 표에 선을 긋고 내용을 적는다. 행동에 옮길 것을 머릿속으로 미리 정한다는 것은 아무도 의심치 않는 자연스러운 습관이다. 학생 시절 내내 마찬가지 습관을 유지하고 새해마다 새 노트를, 직장에 가서는 새 수첩을 장만하고 한 해 계획을 세우기도 한다. 치밀하고 꼼꼼한 사람은 계획 또는 목표를 달성하기 위해 필요한 수단들까지 생각하고 계획표에 포함시켜놓을 것이다. 물론 계획을 실현하려면 생각만으로 되는 것이 아니기 때문에 강인한 의지력이 필요할 것이다.

계획을 세울 때 우리는 어떤 느낌을 갖는가? 혹시 어딘가 들떠 있고 비장하면서도 벅찬 느낌을 가진 적이 있는가? 이 모든 계획을 실현했을 때의 내 모습은 얼마나 더 발전되어 있을까? 계획을 세울 때의 감정이 희망일 것이다. 계획과 희망은 우리를 꿈에 부풀게 한다. 서양이 우리를 꿈꾸게 하는 이유가 바로 여기에 있다. 그러나 정확히 계획대로 된 적이 있는가? 이 질문을 기억해두자.

계획과 실행, 이론과 실천의 이분법 구도를 줄리앙은 **모델화**라는 서양의 습벽으로 규정한다. 『효율성 논고』에서 그는 다음과 같이 말한다.

"이 구도에 대해 질문을 던지기나 하는가? 이 구도는 너무도 우리 자신의 것이 되어버려서 우리는 그것을 보지도 못하며 우리 자신을 보지도 못할 정도다. 우리는 관념적 형상을 세우고 그것을 목적으로 설정하며, 그다음에 그것을 사실로 구현하기 위해 행동한다. 목적, 이상적 관념, 그리고 의지는 모두 당연해 보일 것이다."(11쪽)

서구 전통 사상은 모델화의 역사다. 서구적 전략은 모델화의 치밀성에 달려 있다. 실현할 대상을 행동하기 전에 관념적으로 규정한다는 점에서 모델화의 전통은 **이념**의 전통이라고 할 수 있다. 이념의 전통은 그리스 사상이 불완전한 현실을 넘어선 초월적 세계를 지시하기 위해 선험적 관념을 설정한 것에 뿌리를 둔다. 이념은 실천해야 할 이상이고 목적이다. 이념 추구 성향은 기독교로 계승되고 서양 근대에 와서 과학과 자유주의의 확립으로 이어졌다. 약 2세기 전 중국은 이념 또는 모델화 전통을 앞세운 서구적 근대성 앞에 무릎을 꿇었다. 현대 중국의 위상은 세계 전체의 미래와 직결될 정도로 중요해졌지만 동시에 중국은 전통사상과 서구적 이념 간의 갈등을 처리해야 할 과제를 떠안고 있다. 줄리앙의 전략론은 이런 문제의식을 관통하고 있다.

희랍시대부터 근대에 이르기까지 서구 사상의 전통을 이루는 것은 이념 또는 전형적 모델의 추구다. 관념적인 형태를 구상하고 그것을 토대로 계획을 짜며, 그 계획을 목적으로 설정하는 것이 서양 전통사상의 특성이다. **효율적이려면 모델화를 해야 한다.** 우선 모델화가 있고 **그다음에** 이 모델화를 현실 속에서 구현해야 한다. 이로부터 서양의 고전적 사유는 지성과 의지라는 두 능력의 결합을 요청한다. 지성은 최선을 목적으로서 구상하고, 이렇게 관념적으로 투영된 목적을 현실화하기 위해 의지가 투입된다. 지성과 의지를 구분하지 않는 스피노자의 철학이 서양에서 '이단적 사유'로 간주되고 현대 유럽철학의 중요한 원천으로 기능하는 것은 놀라운 일이 아니다. 그래서 줄리앙은 초월적인 관념 세계를 인정하지 않는 스피노자의 내재적 자연주의는 중국사상과 일맥상통한다는 점을 강조한다. "초월성을 내재성의 절대화로 고찰하는 점에서는 스피노자를 떠올릴 것이다(사실 스피노자의 사상은 고전시대 서구전통의 틀을 벗어나려는 가장 큰 노력이었다)."(『운행과 창조』, 336쪽) 그러나 지성과 의지, 이론과 실천, 정신과 자연의 구분에 근거한 모델화 전통은 스피노자 이후로도 서구사상의 주류가 되었고 계몽사상에 와서는 자유주의 및 민주주의와 함께 정점을 이룬다.

이론과 실천, 사유와 행동의 이분법은 희랍사상에서 정초되어 기독교와 근대계몽주의에 이르기까지 서구 문명 전반에 퍼져 있는 일종의 습벽이다. 이런 이념 구조는 서구인들에게 뿌리 깊이 체화되어 있어서 그들은 그것을 자각조차 하지 못할 정도다. 이념 또는 모델화를 구성하는 이원적 구조는 기독교에 계승되어 장구한 서양 중세 전통을 이루었다. 기독교는 아리스토텔레스가 **부동의 원동자**(Unmoved mover)로 일컬은 순수사유로서의 신 개념을 이어받고 영적 존재로서의 신 개념을 정립했지만, 더 나아가 창조 개념을 이론화함으로써 근대 이전의 서구 문명에서 압도적 입지를 구축했다. 영혼과 육체, 내세와 현세, 창조자의 완전성과 피조물의 불완전성, 무한과 유한, 해방과 예속 등의 이원적 구분은 더욱 강고한 지배력을 획득했다.

사실 이념의 문제와 관련하여 동아시아와 서양이 최초로 충돌한 것은 기독교 문제를 통해서였다. 특히 기독교적 이념과 중국 사유가 충돌한 **전례논쟁**(典禮論爭, Rite controversy)의 역사를 망각해서는 안 될 것이다. 동서 문명의 대면은 16세기에 유럽 선교사들이 중국에 도착하면서 본격화되었다. 대항해 시대에 문맹의 아메리카 원주민들을 대하던 선교사들은 유럽보다 앞선 중국 문명 앞에서 선교의 어려움을 실감했고 중국 문명을 배워야 했다. 그러나 전례논쟁이 심각해지고 1775년 베이징의 예수회가 해산되면서 천주교 시련기가 시작되었다. 중국에서 활동하던 유럽 선교사들에게 천주교 금지령이 내려지는 시점에 조선에도 서학(西學)이 종교의 위상을 가지고 수용되기 시작했는데, 초월적 존재의 이념에 대한 성호 이익(1681-1763)의 거부감에서 이미 갈등의 단초를 발견할 수 있다. 그는 기독교적 윤리에는 호의적이었지만 '천주' 같은 초월적 존재 개념에 대해서는 근본적으로 부정적이었기 때문이다.[1]

예수회 선교사 마테오 리치(1552-1610) 신부가 중국에서 사망한 후 청나라 강희제 때부터 '전례논쟁'이 불거지기 시작한다. '천주'(天主)라는 단어는 '신'(神)을 의미하는 'Deus'를 의미하기에 적합한가? '하늘'을 뜻하는 '천'(天)은 '하느님'을 나타내는가? 당시 서구인들은 물질에 불과한 하늘이 신을 표현하기에 적합한지 의문을 가졌다. 반면 중국적 관점에서 기독교의 신과 같은 단일하고 초월적인 원리는 비상식적이다. 중국적 관점과 기독교의 차이에 대해 줄리앙은 다음과 같이 말한다.

"어떤 것도 초월적이지 않다. 세계는 완벽하게 내적으로 이루어 나가며, 거기에서 일어나는 작용은 어떤 외재성과의 만남에도 노출되어 있지 않다. 따라서 운행의 논리가 배제하는 것은 최초의 원인과 동기로서의 조물주에 대한 필요성이라기보다—더 근본적으로—절대적 타자에 대한 준거와 초월적 절대에 대한 경험, 즉 신이다."(『운행과 창조』, 93-94쪽)

라이프니츠도 전례논쟁에 깊숙이 개입했는데, 그는 기독교와 유교가 대립되지 않는다는 점을 증명하기 위해 1716년에 『중국인의 자연신학론』이라는 중요한 글을 통해 관용적 견

---

1. "성호는 유학자로서 서학의 윤리체계를 적극적으로 수용하면서도 천주교 신앙과 연결된 교리적 해석은 해괴하고 잡박한 것이라 규정하여, 제거할 것을 요구"했다.(금장태, 『실학과 서학, 한국근대사상의 원류』, 지식과교양, 2012, 34쪽)

해를 제시했지만 결국 전례논쟁은 심각해진다. 로마 측에서는 절대적인 완전성, 영원성, 순수한 정신성 등을 가진 'Deus'를 '하늘'이라고 명명할 수 없었다. 더욱이 '하늘'이 물질적인 의미를 가질 수 있기 때문에, 유교에 호의적이던 유럽 선교사들은 로마 측의 의심을 사게 되었다. 'Deus'의 번역어로 '천주'뿐 아니라 리(理), 기(氣), 상제(上帝), 태극(太極), 혼(魂) 등의 용어들도 고려되었지만 모두 서구인들이 생각하는 'Deus'의 의미와 정확히 일치할 수는 없었다. 언어적 논쟁에 조상 및 공자에 대한 '제사'와 우상숭배의 관계 등 복잡한 문제들이 덧붙여지면서 전례논쟁은 소모적인 논의로 변질된다. 유럽의 철학자들과 신학자들이 대거 가담하면서 전례논쟁은 끝없이 이어졌고, 결국 1770년대에 가서 중국 황제와 교황의 정치적 갈등으로 불거지고 1775년 베이징 예수회의 공식적 해체와 함께 마무리된다.

한편 서구의 모델화 전통은 기독교와 별도로 수학적 이념으로서 발전되었다. "과학(유럽 과학, 적어도 고전과학)은 그 자체로 거대한 모델화 (그리고 우선 수학화) 작업일 뿐이며, 실천적 적용으로서 모델화의 기술이 나타나 세계를 물질적으로 변형시킴으로써 효율성을 보증하게 되었다."(『효율성 논고』, 13-14쪽) 수학과 과학기술을 통하여 자연을 지배할 수 있다는 데카르트의 꿈이 실현된 것이다. 데카르트는 『방법서설』 6부에서 다음과 같이 말한다.

"나는 물리학의 일반 개념들을 통해 삶에 매우 유용한 지식을 가질 수 있으며, 학교에서 가르치는 사변철학과 달리 그 개념들을 실행에 옮길 수 있다는 것을 알게 되었다. 이런 실행에 의해 우리는 불, 물, 공기, 행성, 천체, 그리고 우리를 둘러싼 모든 물체의 힘과 작용을 장인들의 여러 일처럼 판명하게 알게 됨으로써 물리학의 일반 개념들을 적재적소에 모두 사용하여 자연의 지배자, 그리고 소유자가 될 수 있다."

모델화 전통은 수학적 이념화 과정을 거치며 결국 계몽주의 이념과 조우한다. 위대한 수학자이자 철학자였던 라이프니츠는 최선의 계획을 구상하는 신의 섭리에 따라 모든 것이 조정된다는 예정조화론을 주창했는데, 계몽주의 시대에 이런 조화 개념은 경제적 자유주의의 이름으로 강조되었다. 경제적 가치는 생산과 교환에 대한 개인들의 자발성에 있고 경제적 가치의 확립은 그것을 조정하는 **보이지 않는 손**의 작용에 의해 확보된다. 자유주의 시장경제 이론은 신 없는 예정조화론으로 구성되는 것이다. 실제로 근대경제학의 시조이자 자유주의 모델을 제시한 애덤 스미스에 따르면, 이익을 따르는 개인적 행동은 생산과 소비의 전체적 방향을 이끄는 "보이지 않는 손"(『국부론』, 유인호 역, 동서문화사, 2009, 465쪽)에 의해 공공의 이익에 봉사하게 된다. 다음과 같은 유명한 구절은 교환에 의거한 자유주의 모델을 상징적으로 보여준다.

"우리가 저녁 식사를 기대하는 것은, 푸줏간·술집·빵집의 자비심이 아니라, 그들 자신의 이해(利害)에 대한 배려이다. 우리가 호소하는 것은 그들의 인류애에 대해서가 아니라 자애심에 대해서이며, 우리가 그들에게 말하는 것은 결코 우리 자신의 필요에 의해서가 아니라 그들의 이익에 의해서이다. 거지 외에는 아무도 동포 시민의 자비심에 주로 의존하려고 하지는 않는다."(『국부론』, 27쪽)

근대정치학에서 계몽주의 사상가들이 주장하는 자유민주주의는 각 개인이 이성을 따르면 모두에게 이익이 되는 일반의지가 형성된다는 관점이다. 실제로 근대 사회계약론은 국가나 사회가 개인들 간의 계약의 산물이라는 점을 인정하며, 나아가 더 근본적인 전제는 국가 이전의 자연적 인간이 누린 자유다. 달리 말하면 신의 섭리를 생산력이나 공공의 이익 또는 개인적 '자유'가 대체하더라도, 서양 계몽주의는 항상 선험적 '이념' 또는 '모델'을 원리로 삼고 있다는 점이 드러난다.

그러나 서구의 모델화 전통은 편견에 불과한 것은 아닌가? 줄리앙은 모델화 전통의 인위성을 강조한다. 모델은 항상 최선으로서 또 이론으로서 구상되며, 따라서 실천과 행동은 모델의 수준에 미치지 못하기 때문이다. 그렇기 때문에 관념적 형태의 적용은 항상 인위성과 강압을 내포하며, 더 나아가 혁명을 요청하기도 한다. 서구적 모델화 전통은 근대과학에 힘입

어 대포를 앞세운 제국주의로 이어졌다는 점도 망각해서는 안
될 것이다.

4. 모델화의 한계와 궁극적 전략

모델화 구조를 이루는 **이론-실천**의 쌍은 서양 근대의
가장 특징적인 표시들 중 하나다. 나아가 근대성이 **서양에 따라**
표준화된다면 모델화는 세계의 가장 특징적인 표시들 중 하나
가 될 것이다. 그러나 줄리앙은 모델화의 인위성을 시사하며
다음과 같이 말한다.

> "혁명가는 건설할 사회의 모델을, 군사가는 수행할 전쟁의
> 도식을, 경제가는 실현할 성장 곡선을 그리는 등 모두가 방안에
> 서 각자의 역할을 맡아서 한다. 세계에 투영되고 관념성이 각인
> 된 구도들이 있는 만큼, 그렇게 투영하고 각인한 후에 그것들을
> 사실들 속에…… 집어넣어야 한다."(『효율성 논고』, 13쪽)

생산 영역에서 모델화는 효과가 크겠지만, 적대적 주
체들이 상호대립하고 반응하는 전쟁에서 모델화는 효력을 발
휘하지 못한다. 서구의 대표적 전쟁이론가 클라우제비츠가 적
절히 지적했듯이, 실제로 전투는 항상 상황에 의한 변수와 마
주치게 되어 있다. 모델로서 구상한 **절대적 전쟁**과 실제로 전투

가 벌어지는 **현실적 전쟁** 사이에는 **마찰**이 발생하게 마련이다. 이런 점 때문에 클라우제비츠는 유럽 사유가 전쟁을 사유하는 데 실패했다고 강조한다. 결국 전쟁에서 발생한 상황을 해결하기 위해서는 모델화와 무관한 천재적 능력 또는 영웅적 행동이 요청되기 때문이다. 어떻게 보면 유럽 사유에서 모델화와 영웅주의는 서로 대립되면서도 역설적으로 서로 보완되는 관계에 있다. 이런 점이 서구인들에게서 확인되는 합리성과 모험주의의 기묘한 결합이다.

그러나 모델화는 그 인위적 특성에도 불구하고 근대과학을 통해 강력한 전통이 되었으며, 결국 자유주의로 변형되면서 서구적 근대성의 세계적 확산에 결정적인 역할을 했다. 줄리앙이 본문에서 근대성의 확산을 경제적 자유주의와 관련지으면서 논의를 발전시키지는 않지만, 우리는 경제적 자유주의 모델이 제국주의와 밀접한 관련이 있다는 점을 생각할 필요가 있다.

실제로 자유주의의 기원을 살펴보면 현실과 괴리된 이념적 인위성은 여실히 드러난다. 제국주의 시대에 서구 열강의 전략은 수학적 모델은 아니더라도 모종의 **모델**을 기초로 이루어졌다. 현재 우리가 받아들이고 있는 자본주의의 뿌리는 영국식 자본주의이고, 이것은 고전경제학, 권력균형론 등을 거쳐 다듬어진 이론화 작업, 그리고 19세기 초부터 고도금융과 국제연맹에 의거하여 금본위제에 바탕을 둔 자유주의 모델이다. 이 점에 대해서는 칼 폴라니의 『거대한 전환』(홍기빈 역, 길, 2009)에 의거하면 유용하다. 자유주의의 대원리인 **자기조정 시장**(self-regulated market)의 논리는 자연적인 것인가? 폴라니에 따르면, 자기조정 시장이라는 아이디어는 유토피아에 불과하다. 자기조정 원리는 서구 열강들 간의 충돌을 막기 위하여 금본위제라는 지극히 인위적인 시스템에 의거하여 서로 간의 거래를 활성화겠다는 논리다. 금본위제는 시장을 국제적으로 확장시키려고 시장자유주의자들이 찾아낸 방법이다. 시장자유주의자들의 논리에 따르면 여러 통화를 가지고 거래하려면 일련의 규칙을 준수하면 된다(금본위제에 대한 설명은 프레드 블록의 『거대한 전환』 해제, 47-48쪽 참조).

- 자국 통화 가치를 일정한 양의 금에 고정시킬 것
- 국내 화폐 공급을 자국 내에 보유하고 있는 대외 결제를 위한 금의 양에 기초하여 맞출 것(통화의 가치는 금을 통해 보증되어야 함)
- 국제적 경제 거래의 자유 보장

금본위제는 당시 세계의 강자로 떠오른 영국이 고안한 산물이고 무역에서 불리해진 국가들에서 금을 빼오는 방법이었다. 한 나라가 국제수지 적자를 본다면 채무 지불을 위해 해외로 금이 빠져나간다. 화폐 공급을 금의 양에 맞추기로 했으므로 돈을 구하기 어려워진다. 따라서 이자율은 오르고 물가 및 임금 수준이 하락한다. 결국 가격경쟁력이 생겨서 그 나라의 적자는 수출 증진을 통해 자동적으로 해소될 것이다. 이런 식으로 모든 나라의 국제수지가 자동 조절되고 세계가 단일 시장으로 통합된다는 것이 자기조정 시장 논리다. 그러나 금본위제하에서 국가들 간의 불균형이 해소되기 전까지 유일한 해결책은 디플레이션과 긴축정책이기 때문에 금본위제 가입 국가들은 보호주의를 채택하게 되었고 나아가 해외 식민지 개척으로 눈을 돌렸다. 1차대전 발발로 인하여 금본위제가 극도로 동요될 때까지 자유주의 이념은 서구에서는 '백년평화' 시기를 뒷받침했으나 대외적으로는 식민지 전쟁과 제국주의로 이어졌다. 1815년부터 1914년까지의 '백년평화' 시기는 『거대한 전환』 1장에서 다루어지는데, 서구의 평화를 유지하려고 로스차일드 같은 고도금융이 담당한 인위적 역할이 길게 강조된다. "물론 영리 활동과 금융이 수많은 식민지 전쟁에 책임이 있다는 것도 사실이지만, 그것이 전면전을 피하게 만든 것 또한 사실이다."(116쪽) 여기서 전면전은 당연히 당시 서구 열강들 간의 전면전을 말한다. 수십 년 후 냉전의 양상이 그러했듯이, 자유주의 시대의 제국주의는 서구 열강들 간의 잠재적 갈등이 해외 식민지 개척으로 돌려진 결과라는 것이다. 자유주의의 확립을 전후하여 서구는 아편전쟁(1840~42년)의 승리를 계기로 난징조약을 체결하고 중국을 개항시키는 데 성공했으며, 이는 서구적 모델이 동아시아에 본격적으로 진입한 출발점이었음을 우리는 잘 알고 있다.

약 2세기 전부터 전 세계적으로 진행된 서구적 효율성의 지배는 발전과 폐해를 극명하게 드러냈다. 모델화의 정점인 과학기술문명이 경제와 정치 영역에 적용되면서 자유주의 모델이 세계를 지배해왔고 현재는 신자유주의가 일반화되고 있다. 자유주의 이념은 현실과 괴리되어 인위성과 강압을 요청할 수밖에 없는 '이론'에 지나지 않으며, 나아가 "논리적 비약"[2]일지라도 현대에 와서 그것은 신자유주의로 이어졌다.

금융자본주의로 인한 세계의 경제 발전은 인정되어야겠지만, 세계 자본주의가 궤멸할 뻔했던 2008년의 금융위기는 거대한 모델화의 폐해였다고 해도 과언이 아니다. 2008년의 금융위기는 부채담보부 증권과 신용부도스왑 등의 파생상품들로 얽히고설킨 복잡한 모델화 구조가 상황의 변수 앞에서 얼마나 취약한지를 극명하게 보여주었다. 이는 국가 기능을 최소화하고 자유주의 모델에 근거하여 시장이 자기조정 능력을 가진다는 시장만능주의의 귀결로서 도덕적 해이 이상의 구조적인 문제다. 자유주의 모델의 인위성을 경제인류학적으로 파헤친 칼

---

2. "경제 이론을 그대로 받아들이는 것은 '자연적' 현상처럼 운동하는, 이른바 시장경제의 운동 법칙을 그대로 받아들이고 복종하도록 인간과 사회를 무릎 꿇리는 것밖에는 되지 않는다. 또 그렇게 논리적으로 구성된 시장의 세계가 아무리 논리 정합적이라고 해도 그렇기 때문에 현실 경제도 그와 동일하게 운동한다고 주장하는 것은 심각한 논리적 비약이 아닐 수 없다."(『거대한 전환』, 613쪽, 「역자 해제」)

폴라니를 비롯하여 사회학자로서 모든 종류의 모델화 경제를 비판한 가브리엘 타르드(Gabriel Tarde)도 최근 들어 재조명되고 있는데, 이런 상황에서 모델화 개념 자체를 비효율적으로 보는 중국적 전략은 중요한 대안으로 간주될 수 있을 것이다.

아이러니컬하게도 산업자본주의 이후를 특징짓는 금융자본주의 모델을 통해 형성된 상황에서 중국은 세계의 산업을 떠맡았다. 서구적 모델화를 통해 형성된 상황을 활용하여 중국은 고유의 전략을 활용하여 경제 강국으로 부상한 것이다. 특히 2008년 금융위기를 통하여 중국이 미국과의 격차를 좁힌 것은 주목할 만하다. 이런 측면은 중국적 전략이 집약된『손자병법』의 '계'나 '형세' 등의 여러 개념을 상기시킨다.

먼저『손자병법』1편에 나타난 **계**(計)의 개념은 인위적 이념이나 모델화와 완전히 대치된다. 모델화가 최선을 목적으로 하여 관념적 구상을 계획하고 실행에 옮기는 미래지향적 구조라면 계는 철저히 현실적이다. 계는 결코 미래에 실현할 계획이 아니다.『손자병법』에서 계는 **구상**이나 **계획**(planification)이 아니라 **산정**(算定, supputation)이나 **평가**(évaluation)의 의미다. 계는 과거와 현재의 모든 요소를 총체적으로 점검하는 작업이다.

"첫째, 군주의 정치는 어느 편이 더 나은가? 둘째, 장수의 지휘는 어느 편이 더 유능한가? 셋째, 기후와 지리 조건은 어느 편에게 더 유리한가? 넷째, 법제는 어느 편이 더 엄격하고 공정하게 시행되는가? 다섯째, 병력과 무기는 어느 편이 더 강한가? 여섯째, 병사의 훈련은 어느 편이 더 잘 되어 있는가? 일곱째, 상과 벌은 어느 편이 더 공정하고 분명하게 시행되는가?"(『손자병법』, 유동환 역, 홍익출판사, 2009, 66쪽)

　　인용문에서 나타나듯이 『손자병법』 1편 '계'에는 싸우기 위한 작전 계획이나 플랜은 전혀 찾아볼 수 없다. 오직 아군과 적군 사이의 세(勢)를 헤아릴 것만을 요구한다. 이런 점은 서구적 모델화의 경직성과 정면으로 대치된다. 미리 세워놓은 구상에 고착화되어 인위적이고 강압적인 개입을 계속 필요로 하는 모델화와 달리 **상황의 잠재력**[形勢]에 의거하고 그 흐름을 따름으로써 지속적으로 변수를 관리해야 한다. "형세란 유리한 조건을 잡아서 상황 변화에 따라 주도권을 손에 넣음을 말한다."(『손자병법』, 1편, 67쪽) 『손자병법』의 4편 제목이 '형'(形)이고 5편 제목이 '세'(勢)다. 줄리앙의 어법에서 일반적으로 '형'은 '상황'으로, '세'는 '잠재력'으로 표현된다. 중국적 전략의 핵심은 철저한 상황 평가를 바탕으로 상황의 흐름을 타는 데 있다.

　　『손자병법』의 영향으로 동아시아권에서 널리 회자되는 "싸우지 않고 이기는 법"의 의미도 효율성의 차원에서 이해되어야 한다. 싸우지 않고 승리한다는 것은 도덕적 관심도 아니고 막연한 추상적 담론도 아니다.

"이런 '싸우지 않음'의 이상은 도덕적 관심에서 비롯된 것이 아니다. 단지 승리가 예정되어 절대적으로 확실한 것이 되도록 하는 것이 관건이다. '싸우지 않음'의 이상은 추상적 개념에 속하는 것도 아니다. 가장 사소하지만 가장 결정적인 단계에서 향후 방향이 가장 정확히 진행되는 방식에 주의가 집중되기 때문이다. 모든 이상향과 가장 동떨어진 방식으로, 모든 주어진 상황을 특징짓는 효력 있고 장악력이 있는 결과를 '단순히' 이 결과의 방향에서 유리하게 작동하도록 만드는 것이 관건이다."(『사물의 성향』, 49-50쪽)

중국적 전략은 꿈에 부풀게 하고 희망을 일으키고 모험과 영웅주의를 요청하는 모델화와는 달리 철저히 현실적이다. 세에 의거한 전략은 미래의 일을 목적으로 구상하고 수단을 강구하는 것이 아니라, 이미 우리가 처해 있는 상황의 흐름을 파악하고 이 흐름이 우리를 싣고 가도록 놔두는 데 있다. 따라서 전략을 실현하는 것은 행동하는 '주체'라기보다는 객관적 상황이다. 승리는 쟁취하는 것이 아니라 익은 과일을 따듯이 거두는 것이다. 승리나 패배는 실제 전투가 벌어지기 전에 이미 상황의 전개과정에 의해 결정되어 있다. '적을 알고 나를 알면 백 번 싸워도 위태롭지 않다' 같은 유명한 문구의 의미도 상황에 의해 승리가 결정됨을 말하는 것이다. 전쟁에서 승부는 상황으로부터 이탈하지 않는다. 그렇기 때문에 중국적 전략은 고난을 예찬하는 서구적 영웅주의 같은 것이 없다. 사실 영웅주의는 모델화대로 상황이 진행되지 않았을 때 요구되는 천재적 능력이다. 계획을 세우는 과정이 물 위를 걷는 것처럼 순조롭다면, 실제 전투는 물속을 걸을 때처럼 사방의 마찰에 부딪히는 과정이다. 영웅주의는 모델화를 폐기하고 즉각적으로 상황에 대처하는 천재적 능력일 뿐이다. 줄리앙이 강조하듯이 모델화와 영웅주의의 관계는 전략의 파열을 드러낸다. 이런 점은 가장 확실한 지식을 추구하는 서양사상이 내포할 수밖에 없는 역설적 이면이다. 서양의 영웅주의는 모델화가 우리를 꿈에 부풀게 하듯이 모험과 고난을 예찬하는 행동주의다.

　　서양인들이 모델화와 분리 불가능한 영웅주의, 그리고 주도적인 주체의 행동에 따라 효율성을 생각한다면, 중국인들은 이런 인위적 행동은 세계의 자연스러운 흐름을 방해하는 것이라고 본다. 중국적 관점에서 인간의 행위나 사회제도는 세계의 운행을 따라야 한다. 자연의 흐름에 역행하는 것은 근본적으로 효율적일 수 없다. 운행은 이탈하지 않는 지속적인 변화이며 변화과정의 흐름에 자연스럽게 실려 가는 것이 "때에 맞게"[時]나아가고 물러설 줄 아는 중국적 지혜다. 이 점에서 중국의 전략가도 공자 같은 성인(聖人)도 모두 현명한 기회주의자다.

　　서구적 영웅주의와 중국적 기회주의의 차이는 동서 문명의 본질적 차이를 내포한다. 줄리앙의 최근 저작 『고요한 변화』(2009)에 의거하여 논의를 더 이어가보자.

유럽 사유는 변화 또는 이행과정(transition)에 대해 침묵에 빠진다. 플라톤은『파르메니데스』에서 묻는다. "어떻게 내가 존재하지 않음에서 존재로, 또는 부동성에서 유동성으로 이행할 것인가?" 나는 앉아 있고, 그후에 걷는다. 앉아 있는 동시에 걸을 수는 없기 때문에 두 상태 간의 이행과정 또는 '둘 사이'(metaxu)를 파악할 수 없다. 그래서 플라톤은 **이전**과 **이후**라는 두 종류의 시간을 제시한다. 내가 운동하는 '시간'과 운동하지 않는 '시간'은 서로 다른 두 시간들이다. 둘 사이에는 "시간 바깥"이 있을 뿐이다. 달리 말하면 플라톤은 시간 바깥의 "갑자기"를 만들어내야 했다. 변화의 연속성에 구멍이 뚫린 것이다.

『자연학』의 저자 아리스토텔레스는 변화의 사상가이지만 그 역시 변화 또는 이행과정을 고정적인 존재나 실체와 결부시켜서만 사유한다. 회색은 "흰색에 비해 까맣고 까만색에 비해 하얗다." 매개항은 중간항이지만 역시 하나의 **항**(terminus)이다. 중간항은 변화를 중간에 끊고 동시에 도착점이자 다음 출발점이 된다. 이런 식으로 변화가 제대로 파악되는가? 플라톤과 마찬가지로 아리스토텔레스가 '둘 사이'를 그 자체로 사유하지 못하는 것은 '둘 사이'에서는 존재의 규정이 사라지기 때문이다. 존재를 포기할 경우 '형상', '본질'(eidos), '로고스'도 상실된다. 그래서 변화의 '변'(變, trans)은 존재에서 부정된다. 모델화의 고정성, 모델화를 대체하는 영웅주의가 유럽 사유의 습벽인 것이다.

반면 중국 사유는 **존재**를 비켜간다. 유럽 사유가 존재를 제시한다면 중국 사유는 **변통**(變通)을 말한다. '변통'이라는 단어 자체가 이미 두 단어의 합성이다. '변'은 변양(modification)이고 '통'은 **지속성**(continuation) 또는 **교통**(communication)이다. 우선 두 단어는 대립된다. 변양은 '갈라지는 것' 또는 '바꾸는 것'이고 지속성은 '계속하는 것' 또는 '이어받는 것'이기 때문이다. 그러나 두 단어는 서로의 조건이기도 하다. 시작된 운행이 고갈되지 않는 것은 변양 덕분이다. 변양 덕분에 운행은 쇄신되면서 지속될 수 있다. 마찬가지로 지속성 덕분에 변양을 거쳐 교통이 가능해진다.

이런 중국 사유에 끊임없이 영감을 불어넣어준 것은 계절이다. **변양**〔變〕은 겨울에서 봄으로, 또는 여름에서 가을로 넘어갈 때, 즉 냉기가 온기로, 또는 온기가 냉기로 전환될 때 나타난다. **지속성**〔通〕은 봄에서 여름으로, 또는 가을에서 겨울로 넘어갈 때, 즉 온기가 더 더워지거나 또는 냉기가 더 차가워질 때 발현된다. 변양과 지속성 두 차원은 번갈아 뒤를 잇는다. 그러나 변양은 고갈되어가는 요인을 지속성을 통해 회복시킴으로써 운행 전체의 지속에 기여한다. 결국 운행의 전개과정에는 아무런 균열도 없다. 이행과정을 구현하며 지속성의 모범이 되는 두 계절인 봄과 가을에 의거하여 중국인들은 한 해의 흐름을 파악했고 그들의 시간을 규정했다. 이것이 춘추(春秋)다. 오직 변양을 통해 지속성은 활발하게 진행될 수 있다. 중국에서 발달한 사유는 고대 그리스와 같이 고정된 본질과 동일성 (identification)이 아니라 사물들의 운행에 투입된 에너지의 관점이다. 변양과 지속성 사이에 교통이 이루어지므로 운행의 흐름은 고갈되지 않는다.

결국 중국 사유에 따르면 전략, 도덕, 제도 등 모든 것은 계절이 변화하듯 자연스럽게 전개되어야 한다. 이런 점은 병법, 유교, 도교, 법가 등 모든 중국사상이 논의의 필요도 느끼지 않은 채 암묵적으로 인정하는 전제 같은 것이다. 그래서 이 전제를 통하여 나머지를 이해해야 한다. 중국 사유의 습벽이 이것이다.

이제 왜 병법 또는 전략과 도덕이 만나게 되는지 이해할 수 있다. 줄리앙은 유교적 도덕에 관한 저서인 『맹자와 계몽철학자의 대화』가 병법과 외교술을 다룬 『효율성 논고』와 밀접한 연관이 있음을 강조한다. 더욱이 그는 『효율성 논고』가 『맹자와 계몽철학자의 대화』의 해설에 불과하다고 밝힌다. 이 두 저작은 중국의 병법, 법가, 역사, 예술에서 '세'(勢)의 개념을 다룬 『사물의 성향』과 함께 3부작을 이룬다. "병법 이론은 중국문화의 가장 중심적인 개념을 만난다. 이 개념은 자연의 운행의 끊임없이 쇄신되는 효율성에 근거하는 것으로서 낮과 밤의 연쇄와 계절의 주기가 예시해주는 것이다."(『사물의 성향』, 58쪽) 효율성에 대한 중국적 직관은 중국문화의 대부분의 영역에 퍼져 있어서 별도로 언급할 필요가 없을 정도로 "합의의 기초"(『사물의 성향』, 33쪽)를 이루고 있다.

어떻게 전략적 효율성이 유교적 도덕과 연결되는가? '이익'〔利〕을 말하는 군주에게 "어찌 이익을 말한단 말이오, 어 짊과 의로움〔仁義〕만이 있을 뿐이오!"라고 일갈한 맹자의 도덕이 전략과 만난다는 것은 역설적이다. 그러나 맹자가 개인적 이익 〔利〕에 대립되는 것으로 간주한 도덕적 선(善)은 세계 전체〔天下〕 로 확산되는 이익이다. 즉 전략적 이익과 도덕적 이익은 "수준 의 차이"(『바깥―중국―으로부터 사유하기』, 385쪽)에 불과하다.

"전략가들은 말한다. 적을 파괴하는 것은 무용하니, 적을 온전하게 두어라. 그러나 너의 쪽으로 그가 기울도록 하라. (…) 거칠게 적과 맞대면하기보다는 부드럽게, 더욱이 그가 자각하 지 못한 채 스스로 방향을 바꾸도록 만들어라. 이 점에서 가장 앞서 결정짓는 것, 즉 가장 효율적인 것은 가장 은밀한 것이기 때문이다. 이 논리를 끝까지 밀어붙여보자. 맹자는 이렇게 답할 것이다: 가장 미묘한 방향 변화, 결과적으로 그 영향이 가장 폭 넓게 전개될 방향 변화는 바로 도덕성에 의한 변화다."(『바깥― 중국―으로부터 사유하기』, 389쪽)

도덕과 전략의 차이는 도덕적 이익이 협소한 차원이 아니라 광대한 차원이라는 점에 있을 뿐이다. 최대의 효율성은 최대의 덕에 의해 달성되므로 선한 군주의 덕은 세계 전체에 대한 권력이 된다.

5. 중국 사유의 맹점

줄리앙의 다른 저작들과 마찬가지로 이 책『전략: 고대 그리스에서 현대 중국까지』를 피상적으로 읽으면 마치 그가 중국을 예찬하는 것처럼 오독을 범할 수 있다. 중국의 습벽이 내포하는 문제로서 줄리앙이 제시하는 논의까지 읽어낼 때 비로소 그의 관점을 제대로 파악할 수 있다. 줄리앙은 중국 사유의 **맹점**(盲點)을 예리하게 지적하면서 유럽 사유의 가치를 다시 발견하고 균형을 맞추고자 한다.

중국의 전략적 효율성과 도덕적 효율성에 내포된 **세** 또는 **조화** 개념에 비추어볼 때 민주주의의 원활한 운영 가능성 여부가 관건이다. 상황의 흐름을 따르는 중국적 효율성 문화에서, 반대의 권리를 제도화할 수 있는 민주주의의 운영은 의미가 있는가? 특히 근대 이후의 오늘날 사회는 과거와 달리 세계를 만날 수밖에 없기 때문에 갈등을 처리하는 것은 매우 중요한 문제다. 이런 관점에서 줄리앙은 중국 사유가 대안을 찾지 않는다면 심각한 위험에 직면할 수 있다고 전망한다.

혹자는 중국이 전통적인 방식으로 이익을 추구할 수 있다고 생각할 것이다. 예를 들어 중국이 자국의 경제 발전을 통한 부상을 주변 국가들이 위협이 아니라 오히려 이익이라고 생각하게끔 만든다는 것이다. 그러나 줄리앙의 논의에 비추어 본다면 이런 방식은 아직도 이익〔利〕의 관점에서만 상황을 바라보는 것이다. 만일 중국이 세계를 선도하기를 원한다면, 또는 **왕도**(王道)를 펼치기 위해서는 경제적 이익〔利〕에 필적하는 이념 또는 모델을 제시할 필요가 있다. 경제적 교역은 동시에 사상과 이념의 교역이기 때문이다. 중국은 세계에 제시할 이념을 가지고 있는가? 왜 중국은 민주주의를 실행하지 않고 (또는 못하고) 있는가? 중국은 갈등을 관리할 제도를 갖추고 있는가?

먼저 민주주의와 관련하여 이념의 기능이 무엇인지 살펴볼 필요가 있다. 서구에서 정체(政體)나 선거 정책과 관련해서 모델화는 일반적이며, 이런 점은 서구적 근대성을 수용한 다른 국가들도 마찬가지다. 줄리앙은 정치 영역에서 모델화의 특수한 기능을 강조한다. 정치 영역에서 정책이나 이념을 제시하는 것은 문자 그대로의 실현을 위해서가 아니다. 사람들은 **상황**이라는 변수가 나타나며 따라서 모든 이념이 그대로 실행되지 않으리라는 것을 알고 있다. 이념이나 모델의 제시는 적용이 아닌 **협의**를 위해서다. 모델화는 민주주의의 원리다. 정책 모델을 구상하고 제시하는 것은 정책 모델을 완벽하게 이행하기 위해서라기보다는 그것에 대해 토론하고 입장을 취하며 반대할 수 있기 위해서다. 정책 모델은 논쟁을 조직하는 데 사용된다. 결국 이념 또는 모델은 갈등의 제도화와 연결되며 민주주의를 위한 필수적인 요소가 된다. 줄리앙은 갈등의 관리에 있어서 서구적 전통의 장점을 강조한다. '유교와 현대사회'를 주제로 국내 학자들과 나눈 대담에서 줄리앙은 다음과 같이 말한다.

"고대 그리스의 지적 전통에 따르면 어떤 하나의 담론이 그것이 진리임을 증명 받기 위해서는 반드시 반대의 담론이 존재해야 합니다. 철학적 연구는 하나의 담론에 대한 반대 담론이라는 원리하에서 진행됩니다. 서구 민주주의는 바로 이러한 철학적 전통에 기초하고 있습니다."(「유교와 현대사회」, 196쪽)

중국은 서구적 제도인 민주주의를 정착시킬 수 있는가? 그렇지 않다면 다른 대안은 가능한가? 위의 대담에서 거시적인 문제의식은 현대사회에서의 유교의 부흥 가능성이고, 보다 구체적으로는 "동아시아 국가들이 과연 민주주의를 정착시킬 수 있는가 하는 것"(195쪽)이다. 어떤 체제와 관련되든 간에 사회구성 이론에서 핵심적인 문제는 개인과 사회의 관계다. 이 점에 대한 유가의 근본적 입장은 유기체론이다. 즉 개인은 사회를 떠나서는 존재할 수 없다. 순자(荀子)가 말했듯이 인간이 짐승보다 힘이 약함에도 불구하고 우위를 차지하는 이유는 사회를 구성할 수 있는 능력이 있기 때문이다. 개인은 사회를 떠나서는 생각할 수 없는 것이다. 유교의 공동체주의는 개인의 이익을 공동체보다 더 중요하게 생각하는 서양 근대의 인간관과 대비된다.

사실 공동체주의와 개인주의의 대립은 서양의 정치학에서도 중요한 논점이었다. 모리스 뒤베르제(Maurice Duverger)는 『정치 체제』에서 유기체적 사회구성 이론을 세포와 몸의 관계에 비유한다. "세포들의 운명은 응집·조합되어 인간을 구성하는 데 있다. 마찬가지로 사람들의 운명은 서로 모여서 위계질서를 갖추어 공동체를 형성하는 데 있다. 각 세포의 개별적 삶이 육체의 필요에 종속되는 것처럼 각 개인의 삶은 언제나 사회조직의 필요에 따라야 한다."[3] 이런 관점에서는 지배자들의 권력을 제한하는 것은 불합리하다. 지배자들은 집단의 의식과 의지를 구현하기 때문이다.

　　반면 개인주의에서 개인은 최상의 목적이며 공동체의 역할은 개인의 생존과 발전의 가능성을 보장하는 데 있다.

　　"공동체주의 이론에서 사회 내에서의 인간들의 모임은 (…) 육체를 구성하기 위한 세포들의 응집과 유사하다면, 개인주의 이론에서 인간들의 모임은 그림 전시회에 모인 작품들과 비교할 수 있다. 전시회에서 중요한 것은 각각의 개별적인 작

---

3. 브뤼놀·자콥(Ch. Brunold·J. Jacob)의 『현대사유의 문제 읽기』(*Lectures sur les problèmes de la Pensée contemporaine*)에서 인용.(Librairie Classique Eugène Belin, 1970, p.506) 흥미롭게도 스피노자의 정치학에서 사회는 모든 영역에서 자연권을 누리는 일종의 집단적 개인이다.(『신학정치론·정치학논고』, 최형익 역, 비르투, 2011, 300-301쪽 참조)

품들의 가치이지 그것들의 전체 배치가 아니기 때문이다."[4]

　　개인주의가 서양 근대의 전형적 정치관이라면 유기체적 공동체주의는 유교적 정치관이라 할 수 있다. 줄리앙은 정치적 문제에서 개인과 사회의 관계가 근본적인 문제라는 점에 공감하고 핵심적 문제는 "개인과 사회의 연계를 모색"하는 방식이라는 점을 강조한다. 그러나 그에 따르면 개인과 사회의 관계는 "생물학적 유기체의 차원"보다는 "정치(Le politique)의 차원"(「유교와 현대사회」, 194쪽)에서 정립되어야 한다. **정치의 차원**이 의미하는 것은 무엇인가? 그것은 통치를 뜻한다기보다는 일종의 "정치적 구상", "정치적 대안" 또는 "정치적 프로그램"을 의미한다. 또는 개인이 사회에 함몰될 수 없도록 하는 제도적 장치를 말한다. 유가는 오륜(五倫)에 근거한 윤리를 강조함으로써 군주의 도덕성이 사회 전체로 퍼져가는 도식을 강조했지만, 개인과 사회의 관계를 정치 고유의 관점에서 설정하지 않았다. 달리 말하면 유가에는 도덕을 통한 **통치** 개념만이 존재할 뿐 고유한 의미의 정치 차원은 존재하지 않았다.

　　중국 사유의 이런 측면은 동아시아에서의 민주주의의 가능성과 관련하여 큰 문제를 내포한다. 유교, 더 나아가 중국 문화 전반에서 핵심 원리는 **조화**다. 이런 점은 병법, 유교, 도교,

---

4. 『현대사유의 문제 읽기』, 507쪽.

법가 등 중국 사상 전체가 수렴되는 **합의의 기초**다. 반면 줄리앙이 제시하는 민주주의의 정의는 "갈등의 제도화"(「유교와 현대사회」, 195쪽)다. 반대 입장이 온전히 기능할 수 있는 장치가 마련되어 있는 것이 민주주의다. 이제 줄리앙은 민주주의와 관련한 유교의 한계를 지적한다.

"민주주의가 실현되기 위해서는 반대의 입장이 있어야 하며, 또한 이 반대 입장을 표명할 수 있어야 합니다. 만일 유교 문화가 이 과제를 관철(貫徹)하는 데 있어 일익을 담당할 수 있느냐고 묻는다면, 그 답은 부정적일 수 있습니다. 왜냐하면 유교는 근본적으로 조화(調和)의 논리에 기초하고 있기 때문입니다. 유가(儒家)에서는 갈등의 국면에 대해 부정적이었으며, 따라서 갈등을 어떻게 유지하느냐에 대해서는 검토하지 않았습니다. 이것이 민주주의라는 주제와 관련하여 유교가 갖는 한계라고 하겠습니다."(「유교와 현대사회」, 195-196쪽)

물론 유교에서 군주의 절대권은 인정되어야 하지만, 실질적 국가운영은 지식인, 즉 문사(文士) 계층이 담당한다고 말할 수 있다. 군주의 일방 독재는 지식인 관료들이 제시하는 "사회적·공적 원칙에 의해 견제되어 극복되는 것이 유교 전통의 핵심"(「유교와 현대사회」, 197쪽)이라고 반박할 수 있다. 그러나 줄리앙은 중국적 지식인, 즉 문사 계층의 한계를 지적한다.

비록 문사들이 군주의 행위를 비판할 수는 있었지만 그들이 군주에게 반대할 수 있는 양도 불가능한 권리를 갖고 있었던 것은 아니기 때문이다. 서구의 계몽사상가들에게 그런 반대의 권리가 있었는지 반박할 수 있겠지만, 분명한 사실은 그들이 "새로운 정치적 구상"을 제시할 수 있었다는 점이다. 그들은 기존의 가치나 정치적 질서와는 다른 체제를 고안하고 제안할 수 있었다. "그들은 기독교의 초월적 신성에 기초한 절대군주와는 다른 사회적 질서를 제시하였던 것"(『유교와 현대사회』, 197쪽)이다.

　　　서구 근대정치사에서 교회와 결속된 왕정과 공화정 간의 대립은 현실적 논쟁 대상인 동시에 이론적 논제였다. 서구의 정치적 강점은 갈등을 관리해온 전통이라고 하겠다. 서구의 정치학에서는 군주제, 과두제, 귀족제, 민주제 등의 통치 유형에 대한 자유로운 논의가 있었던 반면, 중국에서는 기존 사회체제를 안정화하는 것만이 관건이었다.

　　　"중국인들은 대내적으로 전제적인 정권을 전복하는 것보다는 혼란된 나라를 바로잡고 질서를 회복하는 데 관심을 두고 있었다. 왜냐하면 중국인들은 왕정이 아닌 다른 정치체제를 경험해본 적이(구상해본 적도) 없었기 때문이다."(『맹자와 계몽철학자의 대화』, 167쪽)

　　　달리 말하면, 동아시아의 지식인 계층은 기존 질서와

는 다른 '이상'을 통하여 자율적으로 정치적 대안을 제시할 수 없는 한계가 있었다. 줄리앙은 다음과 같이 결론을 내린다.

"그들은 '조화'(調和)라고 하는 한 가지의 가치만을 추구했습니다. 공동체의 조화, 하늘과 땅의 조화, 군주와 백성의 조화 등이 그것입니다. 따라서 이들을 지식인이라고 볼 수는 없다고 생각합니다. 요컨대 중국의 문사들이 군주를 비판하곤 했지만, 그들은 군주에 저항하기 위한 이상(idéal)으로 조화만을 강조하였고 새로운 질서를 구축하기 위한 그 이외의 다른 이상은 생각해내지 않았습니다."(「유교와 현대사회」, 198쪽)

유교는 조화에 근거한 도덕적 인간관계론에 초점을 맞추기 때문에 갈등과 부정을 통한 협의나 타협은 힘들어진다. 전략과 관련해서도 마찬가지다. 『손자병법』에 따르면 위대한 전략가는 형세의 파악과 그 변형에서 적군은 물론이고 아군에게까지 비밀을 유지해야 하기 때문에, 또는 자신의 전략 속에 홀로 있기 때문에 공적인 논의와 자발적 참여의 가능성은 소멸된다. 결국 줄리앙에 따르면, 정치적 영역과 관련하여 민주주의적 이념이 부재한 중국적 효율성에는 맹점이 존재한다. 중국문명에는 중국 사유가 크게 발전시킨 "자연성"과, 사회계약이나 법에 의거하여 갈등을 관리할 수 있는 제도의 상호보완이 부족하다. 이 두 측면의 보완이 이루어지지 않으면 "권력은 정치제도의 공백을 이용하여 타락할 수 있으며 또한 법에 의한 권력통제도 불가능하게 된다."(『맹자와 계몽철학자의 대화』, 100쪽) 결국 줄리앙은 서양의 우위를 인정하는 것인가?

6. 사유의 분란

사실 중국 사유, 더 나아가 동아시아의 사유에 대한 평가는 사회계약론이나 민주주의 제도의 가치를 어떻게 보느냐에 따라 관점이 달라질 수 있다. 서구 자유민주주의 모델은 일반적으로 사회계약론에 근거하는데, 사회계약론이 개인들 간의 폭력을 국가로 이전시킨다는 점은 강조되어야 한다. 인류학자 르네 지라르(René Girard, 1923~)가 평생 주장해왔듯이 인간사(人間事)는 생존을 위해 질서가 필요하고 질서의 뒤에는 폭력이 있다. 권력으로서의 이념은 힘과 강압을 내포한다. 사회계약은 폭력을 이전시킴으로써 다른 폭력을 피하는 희생 제의와 유사하지 않은가? 그렇다면 사회계약을 이루는 이성은 폭력을 다른 폭력에 의해서 치유하는 **공포의 이성**일 것이다.

이념은 이념 안에 들어오지 않는 것은 잘라내버리므로 폭력적이다. 마찬가지로 권력도 국가 이념에 들어오지 않는 것을 배척하므로 폭력적이다. 정치 체제의 배후에 항상 물리적 힘이 도사리고 있다고 할 때 갈등의 제도화는 폭력의 관리로 대체될 가능성을 내포하고 있다. 현재로서 민주주의를 대체할 현실적·구체적 대안은 제시되지 않고 있으나, 동시에 민주주의의 내재적 문제 또한 엄밀하게 지적되고 있는바, 동아시아이념의 가능성은 동일권내 인문사회과학 이론가들에게 중요한과제로 부과된다.

이런 점에서 중국 사유와 유럽 사유의 평면적 비교는항상 경계해야 한다. 중국 사유에서 민주주의와 유사한 가치를지나치게 강조하는 관점은 중국 사유를 왜곡하거나 서구중심주의로 흐를 수 있기 때문에 경계해야 하며, 또한 중국 사유를서구 자유민주주의의 난점을 치유할 대안으로 단순화해서도안 될 것이다. 결국 문화보수주의에 함몰되거나 동아시아 문명을 서구 문명으로 대체할 것이 아닌 한, 동아시아 이념의 가능성은 동서양 사상에 대한 높은 수준의 비교철학적 모색에 달려있다고 하겠다.

역자가 판단하기에 프랑수아 줄리앙의 진의는 동서 문명의 우열을 구분하고자 하는 것은 아니다. 그는 중국과 서양,두 문명은 각기 고유의 편견 또는 '습벽'을 지니고 있으며, 서로의 대면을 통해서만 각자의 편견을 자각할 수 있다고 보기 때문이다.

"의미의 간극은 수평을 잡는 굄목을 제거하는 것이다. 이는 우리가 그것에 기대어 끊임없이 굄목으로 사유의 균형을 유지하지만, 바로 그 때문에 사유할 수 없는 바로 그것이 무엇인

지를 파악하기 시작하려 함이다."(『효율성 논고』, 8쪽)

　　줄리앙이 중국과 서양의 사상을 다루는 방법은 양자가 갖지 않은 것을 부각시킴으로써 각 입장에 명확한 설명 없이 전제된 습벽을 선명하게 드러내는 것이다. 이런 접근법은 단순히 타자성이나 차이를 밝히는 것이 아니다. **타자**나 **차이**라는 것은 이미 **나**의 존재가 전제된 개념이다. 서로 모르는 것들은 차이가 없다. 차이는 같은 틀 안에서만 있다. 같은 틀 안에서는 차이도 대립도 나이며 비교도 나의 표현일 뿐이다. **바깥으로부터의 해체**(déconstruction du dehors)를 통해 중국과 유럽을 서로 바라보게 할 때 비로소 각 문명의 고유한 성격과 문제를 선명하게 드러낼 수 있다. **나**의 바깥은 **나**를 다시 보게 해준다. 나의 관심과 공통된 것이 나오고, **나**의 언어 속에서 **나**를 건드리고 **나**와 관계된 문제가 드러날 때까지 **바깥**을 읽는 것이 줄리앙의 작업이다. 이런 작업을 통해 차이와 무관하던 바깥이 차이가 되며 차이는 맞대면의 구성과 함께 드러난다. 바깥이 차이가 될 때 **나**와 **너**가 보이기 시작한다. 이 정도 수준의 만남이 조직될 때 비로소 동서 문명의 본격적인 대화가 가능해진다. 섣부른 종합이나 안일한 합의는 사유를 고착화시킬 뿐이다.

　　줄리앙이 한결같이 거부하는 것은 사유의 죽음이다. 서구적 근대성의 범세계적 지배에 맞서 중국 사유를 통해 유럽 사유 내에 분란을 일으킬 수 있듯이, 모두가 경탄해 마지않는 중국의 발전에 대해 전통적 중국 사유를 근거로 근본적 맹점을 말할 수 있는 것이 지성의 임무다. 줄리앙은 서양 문명의 편견을 대대적으로 고발하고 있는 동시에, 중국이 이념의 문제에서 딜레마에 직면해 있다는 점을 강조함으로써 환상이나 속단을 경계해야 함을 말하고 있다.

　　세계에 제시할 이념의 부재로 인한 중국의 고민은 역설적으로 비교철학이 인문사회과학의 중심축으로 자리잡아야 한다는 당위성을 예고해준다. 이런 점은 동아시아 국가들이 모두 공유할 수밖에 없는 고민으로서, 동아시아인들의 정체성 확립을 위한 중요한 문제의식으로 작용할 것이다. 나아가 동아시아적 가치와 이념의 확립은 동아시아 국가들의 정치적·경제적 정책 수립을 위한 중요한 화두가 되어야 할 것이다.

　　학문적 차원에서 중국 사유과 유럽 사유의 차이를 드러내는 작업은 매우 복합적이고 풍부한 함의를 갖는다. 철학에서 이미 서양의 근대성을 비판적으로 진단하는 포스트모더니즘의 흐름이 활발히 진행되었지만 그것은 서양 내에서의 자기비판이었다. 이제 동양철학은 서양철학의 변방이 아닌 중심에서 다루어져야 할 것이며 그 역도 마찬가지이기 때문에 철학의 행로는 비교철학의 틀에서 그려져야 할 것이다. 동서양의 비교연구는 극단적인 입장들의 병폐를 치유해준다. 실제로 서양 근대로부터 시작된 서구화를 유일한 규범 체제로 받아들일 경우 우리는 서구중심주의에 함몰되어 동양의 역사적 연속성을 인위적으로 부정함으로써 정체성의 혼란을 겪게 된다. 역으로 서구 문명에 대한 무조건적 반발로 문화보수주의에 경도될 경우 우리는 현실을 부정하는 상황에 처하게 된다. 이는 아마도 폐쇄적 관점에서 학문 활동을 하는 동양 전공자들이나 서양 전공자들이 공유하는 병폐일 것이며, 양쪽 입장 모두 실제로는 동서양이 이미 혼재된 세계의 현실을 직시하지 못하는 외눈박이에 불과하다.

지난 2세기 동안 서구의 효율성 문명이 동양의 제도, 교육, 경제, 관습 등에 영향을 끼침으로써 동아시아 문명을 동요시켰다면, 향후에는 그런 현실을 부정하지 않으면서도 서구 문명의 폐해를 반복하지 않는 지혜가 필요하다. 현재 서구적 규범 체계가 일반화된 세계에서 이는 결코 쉽지 않은 문제다. 특히 중국의 고민은 이 문제에 집중되고 있는 것으로 보인다. 그러나 이념의 부재라는 문제의식은 세계인들이 공유할 수밖에 없는 것으로서 역설적으로 동서 문명 간의 상호이해의 폭을 넓혀가는 장(場)으로 작용해야 한다.

철학은 고인 물을 뒤흔들어놓을 수 있는 분란의 정신이다. 안일한 **컨센서스**(consensus)에 맞서 깨어 있는 정신으로 **디센서스**(dissensus)를 일으키는 작업이 철학이다. 프랑수아 줄리앙의 이 작은 책이 사유의 분란을 일으키는 데 일조했으면 하는 바람이다.

7. 프랑수아 줄리앙의 저작

국내에 번역 출간된 문헌과 역자 해설에 언급된 저작들로 한정했다.

『운행과 창조』, 유병태 역, 케이시, 2003.

『맹자와 계몽철학자의 대화』, 허경 역, 한울, 2004.

『사물의 성향』, 박희영 역, 한울, 2009.

『현자에게는 고정관념이 없다』, 박치완·김용석 역, 한울, 2009.

『무미예찬』, 최애리 역, 산책자, 2010.

『장자, 삶의 도를 묻다』, 박희영 역, 한울, 2014.

「유교와 현대사회」, 『동아시아 문화와 사상』 제12호, 2005, 191-201쪽.

Traité de l'efficacité(효율성 논고), Paris: Bernard Grasset, 1997.

Penser d'un dehors(*La Chine*)(바깥―중국―으로부터 사유하기), Paris: Seuil, 2000.

Transformations silencieuses(고요한 변화), Paris: Bernard Grasset, 2009.

지 은 이

프랑수아 줄리앙François Jullien

1951년생. 프랑스 철학자로, 파리7대학 교수다. 프랑스 파리국제철학대학원 원장, 프랑스 중국학협회 회장, 파리7대학 현대사상연구소 소장 등을 역임했다. 중국 사유와 서양 사유를 맞대면시키는 작업을 수십 년째 진행 중이고 40여 권의 비교철학 저작을 내놓았다. 들뢰즈, 푸코, 데리다 등 현대 프랑스 철학의 거장들에 이어 서양중심주의에서 벗어나려는 흐름에 있다. 그는 철학의 새로운 가능성을 중국 사유와의 맞대면에서 찾는다. 중국 사유는 역사, 언어, 개념 등 모든 면에서 서양과 관계없이 정립되었기 때문에 서양 사유의 편견을 읽어낼 수 있는 거의 유일한 도구다. 서양의 대다수 이론가들이 동양사상을 제대로 읽지 못하고 많은 동양철학자들이 서양사상을 정확히 다루지 못하여 줄리앙의 관점은 아직 엄밀한 연구 대상이 되지 못하고 있다. 앞으로 그의 철학은 동서양 양쪽 이론가들에게 무궁무진한 영감을 제공할 것이다. 이미 그의 많은 저작이 20여 개 나라에서 번역되었다.

옮 긴 이

이근세

경희대학교 철학과를 졸업하고 벨기에 루뱅대학교 철학고등연구소ISP에서 스피노자 철학과 모리스 블롱델의 철학 연구로 박사학위를 취득했다. 브뤼셀 통·번역대학교ISTI 강사를 역임하고 귀국했다. 현재 국민대학교 교양대학 교수로 재직중이다. 주요 연구 분야는 서양근대철학, 프랑스철학이다. 점차 연구의 초점을 동서비교담론으로 이동시키고 있다. 주요 저서로『효율성, 문명의 편견』(2014),『철학의 물음들』(2017) 등이 있고, 역서로『스피노자와 도덕의 문제』(2003),『변신론』(2014),『전략: 고대 그리스에서 현대 중국까지』(2015),『데카르트, 이성과 의심의 계보』(2017),『스피노자 서간집』(2018) 등이 있다. 연구 논문으로는 「스피노자의 존재론 기초」(2003), 「스피노자의 철학에 있어서 시간성과 윤리」(2006), 「블롱델의 행동철학과 라이프니츠의 실체적 연결고리 가설」(2011), 「프랑수아 줄리앙의 비교철학에서 중국과 서양의 효율성 개념 비교」(2012), 「야코비의 사유구조와 스피노자의 영향」(2013), 「스피노자의 정치철학에서 개인의 자유와 정치적 복종의 관계」(2014), 「모리스 블롱델의 행동철학에서 과학과 기술의 의미」(2014), 「이념의 문제와 글쓰기 전략」(2014), 「동아시아적 이념의 가능성」(2014), 「블롱델의 철학에서 방법론과 실천의 문제」(2015), 「모리스 블롱델의 현상학적 방법론」(2015), 「데카르트와 코기토 논쟁」(2016), 「조선 천주교 박해와 관용의 원리」(2016), 「프랑수아 줄리앙의 중국회화론」(2017), 「로고스와 노장」(2017), 「조선 천주교와 미시정치학」(2018) 외 다수가 있다.

전략

고대 그리스에서 현대 중국까지

1판 1쇄 발행 2015년 3월 3일
1판 4쇄 발행 2022년 4월 4일
2판 1쇄 발행 2024년 9월 9일

지은이 프랑수아 줄리앙 ｜ 옮긴이 이근세

편집 조현나 이고호
마케팅 김선진 김다정 ｜ 디자인 윤종윤 이주영
브랜딩 함유지 함근아 박민재 김희숙 이송이 박다솔 조다현 정승민 배진성
저작권 박지영 형소진 최은진 오서영 ｜ 모니터링 이희연 황지연
제작 강신은 김동욱 이순호 ｜ 제작처 영신사

펴낸곳 (주)교유당 ｜ 펴낸이 신정민
출판등록 2019년 5월 24일 제406-2019-000052호

주소 10881 경기도 파주시 회동길 210
문의전화 031) 955-8891(마케팅), 031) 955-2680(편집), 031) 955-8855(팩스)
전자우편 gyoyudang@munhak.com

인스타그램 @gyoyu_books ｜ 트위터 @gyoyu_books ｜ 페이스북 @gyoyubooks

ISBN 979-11-93710-56-2 03300